GEO
实战

AI时代的流量密码

庞文英 著

化学工业出版社

·北京·

内容简介

在AI重塑搜索规则的时代，传统内容策略正面临彻底重构。本书深度解析生成式引擎优化（GEO）的技术内核与实战体系，从知识图谱搭建、多模态内容工程到向量数据库应用，构建"精准性－实时性－可解释性－防御性"的价值金字塔。书中不仅拆解了DeepSeek、文心一言等主流AI搜索平台的流量密码，更通过医疗、电商、本地生活等五大行业中的30个实战案例，揭示了如何用GEO策略实现曝光增长、转化率提升。从技术基建到语义主权防御，从平台适配到地域流量战，本书提供从0到1的全流程执行手册，助力企业在AI搜索浪潮中抢占内容高地，成为大模型时代的行业先驱。

本书专为那些在AI时代需要应对品牌焦虑的企业战略者、操盘者以及内容创作者而写。无论是企业的CEO、CMO、CFO，还是公关总监、市场经理，抑或是记者、品牌编辑、平台运营人员，本书都将为你提供一套面向未来的内容认知策略工具箱。

图书在版编目（CIP）数据

GEO实战：AI时代的流量密码 / 庞文英著. -- 北京：化学工业出版社，2025.9. -- ISBN 978-7-122-48985-2

Ⅰ．G254.928

中国国家版本馆CIP数据核字第2025N5N356号

责任编辑：吕梦瑶　陈景薇	文字编辑：冯国庆
责任校对：边　涛	装帧设计：梧桐影

出版发行　化学工业出版社
　　　　　（北京市东城区青年湖南街13号　邮政编码100011）
印　　装　大厂回族自治县聚鑫印刷有限责任公司
710mm×1000mm　1/16　印张15¼　字数248千字
2025年10月北京第1版第1次印刷

购书咨询：010-64518888　　　　　　　售后服务：010-64518899
网　　址：http://www.cip.com.cn
凡购买本书，如有缺损质量问题，本社销售中心负责调换。

定　　价：78.00元　　　　　　　　　　版权所有　违者必究

从SEO到GEO，掌控认知主权

　　小仙炖与庞老师团队的合作始于2015年，那是中国新消费品牌疯狂生长的年代，小仙炖与众多怀揣梦想的创业者一样，立志打造比肩国际巨头的中国品牌。创业之路从来不是一帆风顺的，而小仙炖能够穿越周期，从0到1成为鲜炖燕窝的领导者，连续8年稳坐鲜炖燕窝全国销量第一品牌，离不开庞老师团队在"认知战场"上的鼎力支持。

一、传统SEO时代：构建品类定义的"语义护城河"

　　SEO在移动互联网兴起前，百度作为互联网时代搜索占比第一的平台，是品牌建立用户认知的重要阵地之一，小仙炖的第一个品牌认知积累阶段也是从百度SEO开始的。这个时期，SEO的本质是"品牌信息的单向输出"，核心任务是"让用户搜索时看到正确答案"。

　　小仙炖作为鲜炖燕窝品类的开创者，如何占据这个开创者地位，让用户清晰了解什么是"鲜炖燕窝"，这期间SEO发挥了重要作用。通过结构化拆解鲜炖燕窝产品标准，建设鲜炖燕窝百科等知识图谱，在搜索引擎中锚定"鲜炖燕窝=小仙炖"的品类心智。将正确的定义、媒体的评价、用户的口碑形成及时的沉淀，完成了小仙炖品牌认知在线上的精准塑造。

二、移动生态裂变：多模态内容与认知主权升级

　　随着移动互联网的兴起，消费决策场域多样化、信息传播碎片化，品牌面临两大挑战。

挑战一：流量重组

抖音、小红书等平台的兴起，使碎片化信息以更快的速度影响用户认知，甚至越来越多的人通过小红书搜索来验证认知，人们更想看到真实用户的口碑分享。"万事不决小红书"倒逼品牌重塑UGC内容生态。

作为小红书官方合作的第一批"红品牌"，小仙炖每个季度都会有近4000篇真实用户的UGC笔记分享。用户在小红书上分享自己和小仙炖的故事，吃小仙炖后带来的身体和生活上的变化，晒出垒成一面墙的空瓶，成为构建品牌认知的重要组成部分。

SEO在移动互联网时代不再仅仅是传达品牌的声音，还承担起让真实的声音被更多人接收到的责任。

挑战二：模态升级

从纯文本转向"视频+图文+用户评论+关键词标签"的多模态体系，这对品牌的内容打造能力提出了更高的要求。

以抖音为例，作为日活跃用户数量超7亿的内容电商平台，结合用户的兴趣标签，不仅要从品牌认知的角度考虑内容展现的权重，同时要兼顾电商引流的需求。小仙炖通过拆解用户标签，细分场景，情境化地表达用户痛点，建立了一整套视觉化的内容营销策略。比如将孕期场景细分为孕前、孕中、孕后，分别围绕孕妇、奶爸、婆婆等视角的痛点，建立能够表达"超级利益点"的"超级视觉"系统，源源不断地产出多模态素材，掌控认知塑造的主权。

小仙炖自2017年始，依托对"内容"营销的深度理解，借助SEO的工具，再一次把握住了移动互联网时代增长的机会，牢牢占据小红书、抖音、天猫、京东燕窝销量第一品牌的地位。在移动互联网时代，SEO进化成"认知主权运营"——既要传递品牌声音，更要让用户的真实体验被看见、被信任；在碎片化的信息场域建立多模态的内容系统，确保认知终端的渗透。

三、AI搜索革命：GEO技术重构认知体系

2024年DeepSeek掀起的AI搜索浪潮，彻底颠覆规则，传统关键词排名失效，生成式引擎要求内容具备"可解释性"（explainability）与"防御性"（defensiveness），以便AI可识别，准确地输出答案。这也倒逼品牌运营需要更扎

实，让"认知"有据可依。很幸运，庞老师作为SEO的资深专家，也是行业内第一批研究GEO的开拓者，第一时间为小仙炖进行AI时代的GEO校准。

针对"可解释性"，可以用知识图谱把技术参数、功效原理、用户实证串联成机器能推理的逻辑链。尤其是有数据呈现的科研资料、论文及权威媒体认证更容易被识别。小仙炖十年科研的积累、一百多项专利成果、大量国际权威期刊论文恰好成为GEO的底层"燃料"。比如只描述"吃燕窝后气色好了"，AI容易解读为安慰剂效果，而小仙炖作为行业内第一个通过人群试验验证的品牌，证实28天连续食用小仙炖鲜炖燕窝后，黑色素降低15.30%，含水量提升28.90%，光泽度提升18.00%，真皮胶原密度提升54.91%。这些试验数据让AI"无从辩驳"，从而输出更客观的结论。

同样地，品牌需要梳理结构化证据链，建立反误导内容体系，防止生成式AI在回答时引用错误信息、混淆竞品或产生负面舆论，捍卫品牌语义主权。正如庞老师所言："GEO时代的竞争，是让机器成为品牌的专家代言人而非曲解者。"小仙炖通过可解释的内容底盘与防御性语义基建，本质上是在AI认知层构建"免误解金身"。

认知主权是品牌的终极护城河

从PC时代的SEO到AI时代的GEO，小仙炖的11年印证了庞老师在书中的核心观点：**"未来的竞争不再是信息争夺战，而是认知主权战——谁掌握机器可理解的语义真相，谁就拥有定义市场的权力。"**感谢庞老师以技术前瞻性与实战方法论，陪伴小仙炖在每次技术浪潮中精准卡位。这本《GEO实战：AI时代的流量密码》不仅是工具书，更是所有品牌在AI时代构建"认知护城河"的战略指南。

前小仙炖市场一号位

2025年7月

从信息争夺战到认知主权战

过去二十多年里，内容的创作与传播方式经历了深刻演变。从搜索引擎优化（SEO）到社交媒体SEO，信息获取路径从"关键词匹配"转向"社交推荐"。每一次范式变化背后，都是入口的重塑与流量的重新分配。笔者有幸参与其中，先后为中国移动、中金国际、唯品会、TCL、海尔等超过500家国内外企业提供全网SEO服务，并主导小仙炖SEO+GEO战略11年实操，见证其从新锐品牌成长为行业领导者。

随着用户行为迁移，传统SEO已难独当其责，社媒推荐的红利也逐渐见顶。企业必须面对新的挑战：如何应对AI时代的用户决策转移？答案正是生成式引擎优化（GEO）。这一概念由普林斯顿大学Gao等学者在2023年提出，国际上已有成熟实践，国内自2025年3月起进入营销热议，并在5月迎来大量品牌投入。例如，某奢侈品牌通过知识图谱与结构化内容，使其产品在"母亲节送什么礼物"等语境下被AI优先推荐，这意味着GEO的竞争已从"可见性"转向"认知优先权"。

据微播易报告，2025年全球超五成用户将以AI平台为首选检索工具，中国消费者中近七成已习惯依据AI推荐完成决策，其信任度甚至高于欧美市场。这意味着AI已成为新的"分发中枢"。这一趋势同样冲击金融、医疗等高敏行业。笔者近几个月协助多家金融与新能源企业应对AI舆情，更加确信GEO不仅关乎流量，更关乎品牌的长期安全与信任。

未来五年，AI搜索预计保持年均20%的增速，到2029年市场规模或达3472亿元。能否在GEO中占位，将决定企业能否在AI驱动的时代赢得流量与认知。本书基于笔者二十余年实战经验而作，旨在为内容创作者与品牌方提供方法论与实践路径，助力他们完成从"流量竞争"到"认知共生"的转型。

本书写给谁看？

这本书，写给所有在AI时代面对品牌焦虑的战略者与操盘者。无论你是CEO、CMO、CFO、公关总监、市场经理，还是记者、品牌编辑、内容创作者、平台运营人员，这本书都将为你提供一套面向未来的内容认知策略工具箱。

本书解决了什么问题？

- GEO到底是什么？它与SEO有何根本区别？
- AI是如何"理解"内容的？内容结构应如何调整？
- 如何构建对AI友好的内容体系与知识图谱？
- 不同行业如何因地制宜地推进GEO的实施？
- GEO如何从战略理念走向战术执行与效果闭环？

全书架构预览

为了系统拆解这个新范式，本书分为五大部分。

- **基础篇**：厘清GEO的本质、价值结构与关键技术。
- **技术篇**：从知识图谱、多模态到向量数据库，构建AI可理解的内容系统。
- **内容篇**：拆解AI推荐机制，讲透结构、语言与形式的实战技巧。
- **行业篇**：覆盖金融、教育、医疗、B2B、快消等核心行业的落地打法。
- **实战篇**：提供GEO平台实操、官网优化、内容闭环执行、危机应对全流程手册。

这不是内容的终点，而是更大规模营销竞争的起点

生成式AI的崛起，不是内容生产终结的信号，而是内容竞争全面升级的开始。内容的终极读者，已经从"用户"变成了"AI"；传播路径，也从"社交裂变"变成了"模型调用"；影响力的锚点，不再是"曝光量"，而是"被理解与被优先引用的频次"。

谁先掌握GEO，谁就先掌握AI时代的流量钥匙。

欢迎踏入GEO的新世界。内容的战争已经重启，而属于那些理解AI分发逻辑、掌握结构性表达能力、建立语义主权的内容战略者的黄金时代才刚刚开始。

庞文英

目录

内容篇
做出AI愿推荐、平台愿推送的内容

行业篇
五大行业的GEO破局战

实战篇
GEO全流程执行手册

GEO的本质
与核心价值

第 1 章
GEO革命，
定义AI时代的内容规则

生成式引擎：AI时代的新型内容引擎

在当今数字化时代，内容的创作、分发和消费方式正经历着前所未有的变革。随着人工智能技术的飞速发展，尤其是生成式人工智能（AIGC）的崛起，传统的搜索引擎优化（search engine optimization，SEO）策略已难以满足企业和创作者在信息洪流中脱颖而出的需求。此时，一种全新的内容优化策略应运而生——**生成式引擎优化（generative engine optimization，GEO）**。

生成式引擎是一种基于人工智能技术，尤其是深度学习和自然语言处理（NLP）的新型内容生成系统。它能够根据用户的输入（如问题、指令或提示），动态生成高质量、个性化的文本、图像、音频或视频内容。生成式引擎有以下核心优势。

● **强大的语义理解能力**：能够理解自然语言中的复杂语义和上下文关系，生成符合用户意图的内容。

● **实时内容生成**：可以根据实时数据和用户需求即时生成内容，无须预先编写和存储。

● **多样化的内容形式**：支持多种内容形式（如文本、图像、视频等），满足不同场景下的用户需求。

● **可扩展性和灵活性**：能够根据不同的应用场景和需求进行定制和优化。

生成式引擎的典型应用包括内容创作平台（如ChatGPT、DeepSeek、豆包、腾讯元宝、Kimi等）以及各种基于人工智能（AI）的搜索系统（如百度文心一言、夸克搜索、纳米搜索等）。

GEO是一种针对生成式AI平台（如ChatGPT、DeepSeek、文心一言、豆包等）的优化策略。它旨在通过适配AI算法对内容的理解、抓取和引用逻辑，提升品牌或内容在AI生成答案中的可见性、权威性和精准触达能力。GEO的核心是通过自然语言语义优化、结构化数据适配、权威知识库构建等技术手段，使内容成为AI工具的"首选信源"，从而在对话式搜索、智能问答等场景中抢占流量入口，驱动用户对品牌的认知。

简而言之，GEO是SEO在AI时代的新进化。它不再局限于传统的关键词优化和链接建设，而是更加注重内容与AI模型之间的深度交互和理解。通过GEO，内容创作者和品牌方可以更好地适应生成式AI的发展，提升内容在AI生态中的竞争力，从而在新的信息传播格局中占据一席之地。

1.1 数字营销的演变：从SEO到GEO

1.1.1 概念定义：GEO、SEO与社媒SEO的演进逻辑

首先，我们需要明确一些基础概念，以帮助我们理解从传统SEO到GEO的迁移是如何发生的。

（1）SEO

SEO是传统互联网流量时代的核心方法，其目标是通过优化网页内容与结构，提高页面在搜索引擎结果页（SERP）中的自然排名。

SEO的关键要素如下。

- **关键词优化**：围绕用户搜索词，在网页标题、正文、元标签中合理布局。
- **页面结构优化**：通过合理布局网站的结构，提高用户和搜索引擎的访问效率。
- **外链建设**：增加其他网站的链接指向，提升网站在搜索引擎中的权威性。
- **内容质量优化**：内容是传统SEO的重中之重，以上三者均需围绕内容展开。

（2）社媒SEO

社媒SEO不再仅依赖搜索引擎排名，而是通过社交媒体的传播路径来获取流量，并在品牌的舆论管理中扮演重要角色。它重点考量内容需要具备话题性与传播力，品牌传播也由"可被搜索"转向"值得被转发"，同时社媒SEO中的舆情管理成为社媒优化策略的重要组成部分。随着社交平台主导用户注意力，SEO也逐渐延伸到"社交传播路径"。社媒SEO指的是通过增强在微博、抖音、小红书等平台上的互动（评论、点赞、转发）来提升内容影响力。过去十年，社媒SEO

3

成为企业品牌管理的重点发力区域。

（3）GEO

GEO是基于生成式AI（AIGC）的内容优化方法，它不再依赖关键词优化，而是通过优化内容与AI模型之间的深度互动来提升内容的可见性、精准触达和权威性。与SEO不同，后者侧重基于关键词的算法，GEO强调上下文、用户意图和内容质量。通过使内容与AI模型的能力相匹配，GEO确保数字资产更可能被AI系统理解、排名和分发，从而带来更高的可见性和参与度。

1.1.2 GEO与SEO的区别

从传统SEO到GEO的演变，反映了数字营销在过去二十年中的深刻转型。早期的SEO主要依赖关键词匹配和简单算法，营销人员通过关键词密度、元标签和反向链接、原创内容来提升搜索引擎排名，内容往往服务于算法而非用户需求。随着搜索引擎逐步引入机器学习和自然语言处理，其优化策略也发生了变化，开始强调理解用户意图和上下文，推动了以用户为中心的高质量内容的兴起。进入AI时代后，这种演进进一步深化，催生了GEO。GEO代表的是一个更智能的优化阶段，AI不仅能理解内容语境，还能预测用户需求，生成个性化内容，并通过语音助手、聊天机器人等对话式界面进行交付。在这样的新格局下，传统SEO已无法满足要求，营销人员必须跳出关键词思维，面向AI主导的内容发现和交互方式进行优化。GEO并非SEO的简单延续，而是适应生成式AI时代的全新策略。表1.1是GEO和SEO在目标、技术、生态等方面的主要区别。

表1.1　GEO与SEO路径对比

项目	传统SEO	社媒SEO	GEO
目标	关键词排名	社交互动与品牌曝光	AI答案的直接引用与信息权重
内容形式	文本为主	文本+图像+视频	多模态（文本、图像、视频等）
技术手段	关键词匹配、外链建设	社交货币（点赞、评论、分享）	自然语言处理、知识图谱、向量数据库
生态合作	链接交换、搜索引擎优化	社交媒体平台互动	开源生态合作、权威信源绑定

项目	传统SEO	社媒SEO	GEO
用户体验	静态内容、用户自行筛选	互动性强、内容传播快	动态生成、个性化推荐
信任机制	权威网站背书	社交互动与用户口碑	可解释性、防御性机制

1.1.3 为什么在AI时代GEO很重要

在AI时代，用户获取信息和与内容互动的方式正在发生深刻变化。AI驱动的搜索引擎与平台，越来越多地根据用户的意图、上下文和偏好，智能地推荐最相关的内容。这使得传统SEO手段逐渐失去原有的效果，而GEO正成为新的标准。GEO的核心在于与AI系统的工作逻辑高度契合——它不仅优化内容结构，还提升内容在AI模型中的可识别性与推荐价值，从而带来更高的可见性、用户参与度和转化率。目前，华东和华南市场的很多企业已开始利用GEO获得流量和订单。

更重要的是，GEO能够实现高度个性化的内容体验。通过分析用户的行为、兴趣和历史互动，AI系统可以动态调整内容呈现方式，使用户获得更加贴合自身需求的数字体验。在这种以AI为主导的环境中，企业若无法及时转向GEO，将在竞争中逐步失去曝光机会和市场相关性。

因此，GEO不仅是SEO的技术延伸，更是对AI时代数字营销逻辑的主动适应。它为营销人员提供了一条面向未来的路径，使其在内容分发、用户连接和品牌影响力方面保持领先。随着本书的深入，您将学习如何有效实施GEO策略，应对其中的挑战，并为下一代数字营销打下坚实基础。

1.2 GEO的基础：理解AI如何重塑搜索与内容发现

随着AI的飞速发展，搜索与内容分发正在经历一场深层次的变革。传统搜索引擎依赖关键词匹配和静态算法，而目前由GPT-4等大型语言模型驱动的生成式引擎，具备了理解自然语言语义、解析语境和识别用户意图的能力。这意味着搜索已从关键词匹配迈向语义理解和上下文推理，用户不再需要精准输入关键词，而是可以通过对话式提问，让AI返回贴近真实需求的个性化答案。

　　AI引擎不仅关注用户输入了什么，还试图理解他们"真正想要什么"。例如，当用户搜索"适合敏感肌的护肤品"时，传统搜索引擎可能仅返回包含"敏感肌"和"护肤品"关键词的网页，无论这些内容是否真正有帮助。而AI驱动的系统则能识别用户真正关心的是产品的成分温和性、无刺激性配方及真实用户体验，从而优先展示详细成分分析、医学背书或用户评价等丰富的内容。这种能力源于AI对用户意图、内容语义结构及信息深度的综合理解。在这个语义主导的环境中，传统SEO策略——依靠关键词堆砌、元标签填充和反向链接获取排名——正在失去作用。AI引擎评估内容的方式已发生根本改变：不再只是"看你用了哪些词"，而是"看你的内容能否解决用户的问题，是否可信，结构是否清晰，是否能被语义理解和引用"。

1.2.1 AI在用户意图与内容匹配中的作用

　　生成式搜索的核心，不再是寻找"匹配的词"，而是寻找能够解决问题的内容。AI系统能识别用户查询背后的目标和动机，并评估内容是否满足该目标。

　　传统SEO下，内容创作常围绕关键词布设、排名优化展开，忽视了"用户真正想要的是什么"。而AI搜索会主动预测用户意图，识别内容是否能形成结构性回应，从而决定是否将其引入回答结果中。

　　在AI系统的眼中，高质量的内容需要满足以下三个核心标准。

- **与意图高度相关**：能回答用户的问题，且越贴近核心意图越容易被引用。
- **语义结构清晰**：便于被解析、分块、重组。
- **具备上下文深度与可信来源**：可对接外部知识体系，具备来源验证能力。

　　这也意味着内容创作者需要将"用户意图"作为内容设计的第一要素，考虑用户可能处于的阶段（认知、比较、决策），并用结构化的方式给出响应。单纯堆砌关键词已不再有效，AI需要的是有目的、有逻辑、有证据链的内容。

　　此外，AI驱动的搜索系统具备动态演进能力。它们会持续分析数以亿计的用户行为数据，从中学习"什么样的内容能更好地满足用户的意图"，并反向调整算法。这种能力要求内容策略也具备演进性——不断优化内容结构与匹配机制，以适应AI对"用户-内容关系"的认知模型。

1.2.2 为什么传统内容在AI时代正在失效

尽管传统内容在搜索引擎时代曾发挥巨大作用，但在生成式引擎面前，它正逐步失去竞争力。根本原因在于内容价值的评估方式已被AI重构：过去，搜索引擎依赖关键词匹配与链接权重，而如今，AI系统关注的是语义结构、上下文理解与知识逻辑的连贯性。

生成式引擎不再是"收录网页"，而是"理解知识"，这带来了三大机制迁移。

● **权威机制转移**：用户过去信任谷歌排名第1的结果，如今更倾向于相信AI回答中"第一个被说出口的答案"。

● **语义优先机制**：关键词堆砌不再有效，系统更重视内容是否具备可被调用的精准语义结构。

● **入口逻辑变化**："答案即入口"。如果你的内容或品牌没有出现在AI生成的回答的前几句话中，就意味着你已经错失了用户的注意力和决策的关键点。

进一步来看，传统内容常因以下三大"结构性硬伤"被AI系统降权或忽略。

● **结构黑洞**：内容缺乏清晰的组织逻辑，使AI无法有效切割、重组和调用。数据显示，非结构化内容被AI误读为"低质量信息"的概率高达73%。

解决方案：采用"问题-证据-结论"三段式结构，有助于AI精准识别与调用。

● **知识孤岛**：缺乏与知识图谱的连接，导致内容难以进入AI的知识网络。例如，某医疗企业通过将内容映射到SNOMEDCT术语，使其AI引用率提升了40倍。

解决方案：构建语义标签并接入权威知识体系，如医学术语库、行业标准等。

● **可信度塌方**：无引用、无出处的内容可信度低，被AI降权的概率高。

解决方案：为内容植入权威来源，如DOI、专利号、白皮书索引等，以增强内容在AI系统中的可信度。

此外，传统内容还有其他问题。

● **静态性**：无法动态响应用户的实时需求。

● **语义理解弱**：AI难以识别其真正意图与逻辑。

● **信息过载**：内容分散且冗余，难以精准满足个性化需求。

从内容"被看见"，到"被理解"，再到"被引用"。

在AI系统中，内容的传播路径发生了本质性变化（图1.1），传统内容因"无标签、无结构"易被AI误判而边缘化，GEO内容凭借"语义清晰+知识图谱关联"成为AI的首选答案。

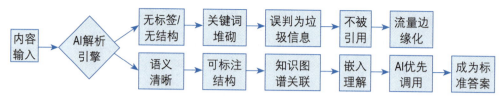

图1.1 传统内容与GEO内容在生成引擎中的命中路径对比

┤ **小结** ├

　　在AI主导的内容生态中，生成式引擎优先调用那些结构清晰、语义完整、可信度高且能对接知识图谱的内容。传统SEO下生产的大量内容由于未适应这个认知标准，正在被AI边缘化。GEO正是在这个背景下应运而生，它不仅是技术的更新，更是内容逻辑、表达方式与用户价值交付模式的全面升级。真正成功的内容，将不再是"写给人看"，而是"被人喜欢，也被AI调用"。

1.3　**GEO的核心价值金字塔：**
精准性→实时性→可解释性→防御性

　　在探讨了生成式引擎如何凭借其强大的认知能力重塑内容格局，以及传统内容为何在这个新范式下逐渐失效之后，我们自然会问：GEO的核心价值究竟是什么？它又是如何在AI时代重新定义内容优化的规则的呢？答案就在于GEO的核心价值金字塔（图1.2）：精准性、实时性、可解释性和防御性。这四个层级相互支撑，构成了生成式AI优化的系统性认知框架，也对应于后续方法论中GUIDE系统的五大落地环节（详见第8章）。

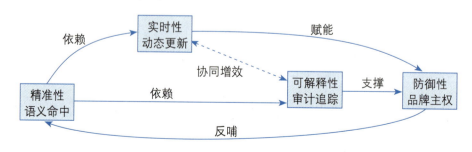

图1.2　GEO核心价值金字塔

GEO核心价值金字塔表达的是内容在生成式AI中的"上榜路径"，从语义命中起步，经过实时响应和可信构建，最终获得平台长期推荐与品牌主权。其中防御性为GEO基座，保障实时性与可解释性协同增效，三者共同支撑精准性目标的达成，形成闭环优化的AI时代内容护城河。

（1）精准性：理解用户的真实需求（对应GUIDE-gather）

精准性是GEO的基础层级，也是内容优化的首要目标。在AI时代，用户的需求越来越复杂和多样化，他们不仅需要找到相关信息，还需要这些信息能够精准匹配他们的具体需求。GEO通过以下方式实现精准性。

● **语义理解**：利用自然语言处理（NLP）技术，GEO能够理解用户查询的语义和上下文，从而提供更精准的答案。例如，当用户询问"如何在家中种植多肉植物"时，GEO不仅会反馈关于多肉植物种植的通用信息，还会根据用户的地理位置、季节和气候条件，提供个性化的种植建议。

● **用户画像**：通过分析用户的历史行为和偏好，GEO能够构建详细的用户画像，从而提供更符合用户兴趣和需求的内容。例如，一个经常搜索与健身相关内容的用户，可能会收到更多关于健身计划和营养建议的个性化推荐。

● **多模态内容生成**：GEO不仅优化文本内容，还支持图像、视频、音频等多种内容形式，以满足用户在不同场景下的多样化需求。例如，一个用户可能更喜欢通过视频学习烹饪技巧，而另一个用户可能更喜欢阅读详细的食谱。

（2）实时性：快速响应用户需求（对应GUIDE-issue&deliver）

在精准性之上，GEO的第二个层级是实时性。在信息快速变化的今天，用户期望能够即时获取最新的信息。实时性不仅提升了用户体验，还确保了内容的相关性和准确性。GEO通过以下方式实现实时性。

● **动态内容生成**：GEO能够根据实时数据和用户需求动态生成内容。例如，当用户询问"今天的股票市场表现如何"时，GEO可以结合实时的市场数据，提供最新的股票行情和分析。

● **实时数据更新**：GEO支持实时数据更新机制，确保内容始终是最新的。例如，新闻平台可以利用GEO实时更新新闻报道，提供最新的事件进展和分析。

● **多模态内容的实时交互**：GEO支持用户通过多种方式与内容进行交互，例如语音指令、图像识别等。例如，用户可以通过语音指令获取天气预报，也可以通过图像识别获取植物的名称和养护建议。

（3）可解释性：提供可信的答案（对应GUIDE-unify）

生成内容在被识别之后，能否被平台采信并推荐，关键在于其可解释性。这不仅是用户信任的基础，也是平台内容审核的重要标准。可解释性使得用户能够更好地理解答案的可信度和可靠性。GEO通过以下方式实现可解释性。

● 知识图谱支撑：GEO利用知识图谱技术，将不同领域的知识进行整合和关联，提供更全面、更深入的信息。例如，医疗AI在生成诊断建议时，会引用相关的医学文献和研究数据，以增强用户对诊断结果的信任。

● 内容溯源结构：GEO能够提供内容的来源和引用，使用户可以追溯信息的出处。例如，新闻平台可以利用GEO提供新闻报道的引用来源，以增强新闻的可信度。

● 透明的生成路径：GEO能够提供内容生成的逻辑和推理过程，使用户能够理解答案的生成方式。例如，教育平台可以利用GEO提供详细的解题步骤和知识点讲解，帮助学生更好地理解学习内容。

（4）防御性：构建安全与合规闭环（对应GUIDE-ensure）

在可解释性之上，GEO价值金字塔的最高层级是防御性。在信息泛滥、虚假内容频出的AI时代，内容是否具备安全性、合规性与长期可信度，决定了它能否被平台持续推荐并构建品牌语义主权。

作为一种方法论，GEO强调在内容生产与投放流程中主动融入"防御性设计"理念，通过以下策略构建内容的风控与合规闭环。

● 嵌入式审核友好结构：GEO鼓励在内容生成环节提前设计审核友好的表达方式，包括结构化输出、敏感词预警、标签化引用等，以减少因表达不当导致的下架、屏蔽风险。例如，新闻类内容应嵌入数据出处与事实背景，以提升平台审核通过率。

● 引入事实支撑机制：GEO倡导通过权威来源增强内容的可信度，例如医疗、金融等行业内容，应统一引用官方或第三方认证的数据源，并提供可验证的文献或报告支撑，以增强平台信任度与用户接受度。

● 构建用户反馈闭环：在内容发布之后，GEO方法论建议建立用户评价机制，如设置"内容是否有帮助""是否准确"等反馈入口，便于持续收集数据、识别问题并推动内容动态优化。

通过这些策略，GEO在"ensure"阶段帮助内容创作者主动防范潜在的内容风险，使内容在AI平台生态中更具稳定性、可持续性和合规性，也为品牌构建长期的语义资产奠定基础。

┤ 小结 ├

GEO的核心价值金字塔由精准性、实时性、可解释性和防御性四个层级构成（表1.2）。精准性确保内容能够精准匹配用户需求；实时性确保内容能够即时响应用户需求；可解释性确保内容的可信度和透明度；防御性确保内容的安全性和可靠性。这四个层级相互支撑，共同构成了GEO在AI时代的核心竞争力。通过实现精准性、实时性、可解释性和防御性，GEO能够帮助内容创作者和品牌方在AI时代更好地优化内容，提升用户体验，赢得用户信任和认可。

表1.2 GEO核心价值金字塔与方法论的映射关系

层级	核心价值	对应方法论（GUIDE模块）	核心策略说明
1	精准性	G（gather）	用户画像构建+意图词提取+多模态内容需求识别
2	实时性	I/D（issue/deliver）	实时生成机制+多平台适配推送+多模态交互响应
3	可解释性	U（unify）	知识图谱整合+内容结构标注+引用可追溯表达
4	防御性	E（ensure）	风控机制内嵌+安全合规设计+数据闭环优化反馈

1.4 技术生态协同效应：知识图谱×多模态×向量数据库

在传统SEO时代，我们主要关注关键词优化、外链建设等技术手段，同时以优质内容为底层支撑。然而，在AI时代，最为关键的三项技术是知识图谱、多模态和向量数据库（图1.3）。这些技术在GEO中发挥着至关重要的作用，它们相互协同，共同构建了一个强大的技术生态，使得GEO能够在AI时代实现精准、实时、可解释和防御性的内容优化。

（1）知识图谱

提供企业认知地图，是AI识别内容上下文的关键。

知识图谱是一种用于表示知识结构的图形化工具，它通过将实体（如人、地点、事件等）和它们之间的关系以图的形式表示出来，帮助机器更好地理解和处理信息。在GEO中，知识图谱就像一个庞大的知识网络，能够将分散的信息整合起来，形成一个有组织的知识体系。

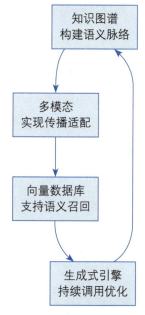

图1.3　GEO技术协同闭环模型

例如，想象一下你正在搜索关于"苹果"这个主题的信息。在传统SEO中，搜索引擎可能会反馈一些包含"苹果"这个词的网页，但这些网页可能涵盖了从水果到科技公司的各种内容。而在GEO中，知识图谱能够理解"苹果"这个实体可以指代不同的概念，并且能够根据上下文来区分用户真正想要了解的是哪种"苹果"。如果用户是在询问关于苹果公司的信息，知识图谱就会将与苹果公司相关的知识（如产品、创始人、历史等）组织起来，为用户提供更准确的答案。

对于运营人员、市场总监和公关总监来说，知识图谱可以帮助他们更好地理解用户的需求，并且能够更精准地定位目标受众。通过构建和利用知识图谱，企业可以将自己的产品、服务和品牌信息更好地整合到知识体系中，从而提高其在AI搜索中的可见性和权威性。

（2）多模态：超越文字的表达，覆盖文本、图片、音频、视频、3D等媒介，提升语义适配力与传播半径

多模态是指通过多种感官通道（如视觉、听觉等）来传递信息的方式。在传统SEO时代，内容主要以文字形式呈现，而多模态内容则包括文字、图像、音频、视频等多种形式。在GEO中，多模态的作用是为用户提供更加丰富和直观的信息体验。

例如，当用户搜索"如何制作巧克力蛋糕"时，传统SEO可能只能提供一些文字教程。而在AI搜索时代，多模态可以为用户提供一个包含文字步骤、图像展示和视频演示的综合教程。用户不仅可以阅读文字说明，还可以通过图像和视频更直观地学习制作过程，这种多模态的内容呈现方式能够更好地满足用户的多样化需求。

对于企业来说，多模态内容的制作和优化可以帮助他们更好地展示产品和服务。例如，一个旅游公司可以通过视频和图像展示旅游目的地的美景，通过音频提供导游讲解，从而吸引更多的用户。多模态内容不仅能够提高用户的参与度和满意度，还能够增强品牌在用户心中的印象。

（3）向量数据库：智能检索的核心，存储并快速召回高维语义数据，使生成式引擎能够更精准地调用内容

向量数据库是一种专门用于存储和检索向量数据的数据库。在GEO中，向量数据库的作用是实现智能检索和推荐。向量数据库能够将文本、图像等信息转化为向量形式，并通过计算向量之间的相似度来实现快速检索和匹配。

例如，当用户上传一张照片并询问"这是什么花"时，向量数据库可以将这张照片转换为向量，并与数据库中的花卉图像向量进行比对，快速找到最相似的花卉图像，并返回相应的答案。这种基于向量的检索方式比传统的关键词检索方式更加智能和高效，能够更好地理解用户的真实意图。

对于运营人员和市场总监来说，向量数据库可以帮助他们更好地了解用户的行为和偏好。通过分析用户与内容之间的交互数据，企业可以利用向量数据库实现个性化推荐，从而提高用户的参与度和转化率。例如，一个电商平台可以根据用户的浏览历史和购买行为，利用向量数据库为用户推荐他们可能感兴趣的产品。

知识图谱、多模态和向量数据库这三种技术在GEO中并不是孤立存在的，它们相互协同，共同构建了一个强大的技术生态。知识图谱为多模态内容提供了知识结构和语义理解的基础，使得多模态内容能够更好地被组织和理解；多模态内容为知识图谱提供了丰富的信息来源，使得知识图谱能够更加全面地反映现实世界；向量数据库则为知识图谱和多模态内容的检索和推荐提供了高效的技术支持，使得GEO能够快速响应用户的需求。

例如，在一个智能问答系统中，当用户提出一个问题时，系统首先会利用知

识图谱理解问题的语义和上下文，然后通过向量数据库检索相关的多模态内容，最后将这些内容以最适合用户的方式呈现出来。这种技术生态的协同效应使得GEO能够实现精准、实时、可解释和防御性的内容优化。

┤ 小结 ├

在AI时代，GEO的实现依赖一系列先进的技术生态，其中知识图谱构建了知识的网络，帮助机器更好地理解和组织信息；多模态超越了文字的表达，为用户提供更加丰富和直观的信息体验；向量数据库则是智能检索的核心，使得GEO能够快速响应用户的需求。这三种技术相互协同，共同构建了一个强大的技术生态，使得GEO能够在AI时代实现精准、实时、可解释和防御性的内容优化。对于运营人员、市场总监、公关总监和企业老板来说，理解这些技术的基本概念和作用，将有助于他们在AI时代更好地进行内容营销和品牌推广。

本章核心结论

在生成式AI主导的信息时代，传统SEO已难以支撑内容的可见性与影响力。GEO应运而生，成为连接AIGC内容生成与AI理解分发的关键策略。它通过语义优化、结构化标注、知识图谱接入与向量数据库技术，实现内容的精准识别、实时响应、可信引用与风险防御。GEO与AIGC构成内容生态的双向闭环，不仅提升了生成内容的被引用能力，也重塑了品牌触达用户的路径。未来的内容创作，将从"写给人看"升级为"写给人+AI看"，唯有掌握GEO，方能赢得AI流量时代的先机。

第 2 章
GEO技术地基：
让AI真正"懂"你的内容

在上一章中，我们探讨了GEO如何不仅优化AIGC生成的内容，还通过知识图谱、多模态、向量数据库等技术手段，提升内容的精准性、实时性、可解释性与防御性。今天，随着AI内容生成技术的飞速发展，企业正面临前所未有的挑战与机遇——内容的优化已不再局限于"提高搜索排名"，而是走向了一个全新的领域：让AI真正理解你的内容，并高效地传播它。

在这个背景下，GEO不仅仅是为搜索引擎"优化"内容，它是一种全新的语义协同框架，帮助企业在AI大模型时代与用户建立深度的语义连接。GEO的核心目标，是让AI能够精准理解、推荐并传播企业的内容，从而实现更高效、更智能的内容营销。

为了达成这个目标，GEO构建了一个强大的技术框架，其中包括以下四大核心支柱。

- 知识图谱：构建语义网络，帮助AI理解业务背景与关联。
- 多模态：整合多维数据，帮助AI"看懂"文本、图像、视频等多种内容形态。
- 向量数据库：实现高效语义检索，帮助AI理解内容的深层含义。
- 结构化schema：提供清晰的内容结构，帮助机器高效解析与处理数据。

这四大技术支柱在GEO的框架中协同作用，共同构筑了AI时代的"内容霸权"。通过这些技术，企业能够在生成式AI的浪潮中抢占先机，为未来的内容营销和传播打下坚实的技术基础。

2.1　知识图谱：业务语义的"认知网络"搭建

在GEO中，知识图谱是一项关键技术，它通过将企业的核心内容资产（如产品、服务、客户、政策等）转化为知识资产，为AI提供丰富的语义背景和上下文信息，从而帮助AI精准理解企业的核心业务及其上下游关系。

（1）什么是知识资产

知识资产指的是企业在运营过程中积累的所有重要知识和信息。它不仅仅包括数据，还包括这些数据背后的**业务逻辑**和**经验**，这些知识和信息可以支持企业决策和优化工作。在GEO框架中，知识资产通过知识图谱的构建被转化为机器可理解和可操作的结构化知识，进而为AI提供精准的语义基础。

（2）什么是知识图谱

知识图谱是一种**语义网络**，通过节点（实体）、边（关系）和属性来描述现实世界中的事物及其相互联系。简而言之，知识图谱帮助企业**梳理和构建一个"语义网络"**，将复杂的信息、实体及其关系以图谱化的方式呈现，从而使得AI能够理解不同信息之间的联系，进而提高内容生成、推荐和传播的准确性。

知识图谱的作用是让AI更精准地理解"你是谁、你在卖什么、你的专业度和可信度在哪里"。知识图谱通过将企业的核心知识（如产品、服务、客户、政策等）以结构化的形式呈现出来，为AI提供了丰富的语义背景和上下文信息。这使得AI能够更好地理解用户的需求，并生成更精准、更有针对性的内容。

通过构建知识图谱，GEO能够帮助AI准确理解并推荐企业的内容。企业的核心知识通过图谱的结构化展示，赋予了AI更多的语义背景，使得AI能够在内容生成时，准确把握业务逻辑和用户需求。

2.1.1　知识图谱的核心结构

在知识图谱中，信息被划分为以下几类主要元素。

- **实体（entity）**：是知识图谱中的基本元素，代表实际存在的对象，如"产品""品牌"等。

- **关系（relationship）**：描述实体之间的内在联系，如"品牌-拥有-产品"。

- **属性**（attribute）：描述实体的特征或属性，如"鲜炖燕窝"的"储存条件"。

这些元素通过节点和边的形式在图谱中进行组织，形成一个清晰的语义网络。

知识图谱如何支持内容生成？

例如，针对一个燕窝品牌，知识图谱将以下信息转化为机器可理解的形式。

- **产品实体**：鲜炖燕窝。
- **功效实体**：抗衰老，增强免疫力。
- **人群实体**：孕妇、亚健康人群。
- **原料实体**：金丝燕窝。
- **工艺实体**：低温炖煮工艺。

这些信息不仅帮助AI理解单一概念，还能够让AI结合多个实体与关系生成有针对性的内容。例如，AI可以通过知识图谱为特定用户群体（如孕妇）推荐适合的产品（如鲜炖燕窝），并且能够描述产品的功效。

2.1.2 知识图谱的构建过程

构建知识图谱的过程包括以下几个关键步骤，用来确保数据的准确性和语义的清晰。

（1）实体识别（NER）

实体识别是从企业的大量数据中提取出核心概念，如产品、服务、客户、政策等，并将其转化为知识图谱中的"实体"节点。

> **示例：**
>
> 对于一个燕窝品牌，其实体可能包括"鲜炖燕窝""抗衰老""孕妇"等。

（2）关系抽取（RE）

关系抽取用于描述不同实体之间的内在联系。通过分析数据，AI能够识别出实体之间的关系，并在知识图谱中清晰呈现。

> **示例：**
>
> 品牌和工艺之间的关系为"品牌-拥有-低温炖煮工艺"。

（3）知识融合

知识融合是将不同来源的数据进行整合，消除命名上的歧义，确保信息的一致性和完整性。

> **示例：**
>
> 将"燕窝唾液酸含量高"与"滋补价值高"合并为同义逻辑，确保数据一致。

（4）本体设计

本体设计是构建知识图谱的核心，它帮助确定数据的层次和分类结构。

> **示例：**
>
> 通过设计"人群-需求-产品-价值"的树状层级结构，不同的实体在图谱中形成逻辑关系。

（5）结构化标注与输出

通过结构化标注，将知识图谱中的数据转化为标准化的**schema格式**，供AI模型或搜索引擎调用。

> **示例：**
>
> 通过schema.org标记将品牌"鲜炖燕窝"的信息输出，以供AI进行解析和应用。将知识图谱中的数据转化为标准的schema格式，供AI模型或搜索引擎调用。例如：

```JSON
{
"@context":"https://schema.org",
"@type":"Brand",
"name":"小仙炖",
"description":"鲜炖燕窝品类开创者，连续8年全国销量第一",
"award":"罗博之选年度高端燕窝奖",
```

```
"hasProduct":{
"@type":"Product",
"name":"鲜炖燕窝",
"storageConditions":"冷藏储存",
"shelfLife":"15天",
"hasCertification":{
"@type":"Certification",
"name":"SGS认证",
"certificationCode":"0激素/0防腐剂/0增稠剂"
}
}
}
```

2.1.3 知识图谱在GEO中的应用案例

以"小仙炖"品牌为例,通过构建语义图谱,小仙炖能够在AI搜索和智能问答中成为知识中心节点,帮助提高品牌的可见度和信任度。通过知识图谱,AI能够自动理解品牌的核心信息,并在搜索结果中将相关内容推荐给有需求的用户。我们可以构建如图2.1所示的语义图谱。

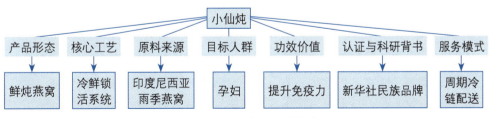

图2.1 小仙炖知识图谱构建

通过这样的知识图谱构建,小仙炖在"AI搜索"和"智能问答"中成为知识中心节点,提高品牌可见度和信任度。

2.1.4 如何确保知识图谱中的数据准确无误

确保知识图谱中的数据准确无误是GEO成功的关键之一。为了确保图谱数据的有效性，必须进行**数据验证**、**实时更新**和**质量监控**。表2.1是数据治理在知识图谱中的三大机制对照。

表2.1 知识图谱数据治理机制

模块	机制名称	实施要点	示例说明
数据来源验证	权威数据源	优先引用官方文档、行业报告、学术论文等可信来源	产品参数应使用官方技术文档；功效数据应引用经同行评审的学术研究
	多源验证	多渠道交叉比对信息，确保数据一致性	对于功效数据，同时参考官方文档、学术论文和行业报告进行验证
数据更新机制	实时更新	建立自动同步机制，保持数据新鲜度	产品价格与库存信息可对接企业ERP系统，实时更新
	定期审核	固定周期审查更新已有数据，防止陈旧	按季审核一次产品信息，确保全面准确
数据质量监控	质量指标	设置准确性、完整性、一致性监控维度	建立错误率指标，定期评估数据可靠性
	自动化工具	利用工具自动检测与修复数据问题	使用数据清洗工具修复错误或缺失值，提高整体数据质量

┤ 小结 ├

知识图谱是GEO的重要技术基础，它通过构建业务语义的"认知网络"，让AI更精准地理解企业的核心知识和业务逻辑。通过实体识别、关系抽取、知识融合、本体设计和结构化标注等步骤，企业可以构建适合自身业务的知识图谱。目前的落地方法主要包括：在站内增加结构化标记，让AI更全面地理解品牌内容；在站外同步且持续地进行业务知识的传播和背书，进一步提升内容的可信度与权威性。知识图谱不仅能够提升内容的精准性和权威性，还能在AI时代为企业构建竞争壁垒。在接下来的章节中，我们将继续探讨多模态内容工程、向量数据库和结构化数据实战等技术，进一步完善GEO的技术地基。

2.2　多模态：统一认知的优化器

在现代营销中，多模态已经成为AI理解和生成内容的核心工具之一。随着消费者互动方式的多样化，企业的内容传播也不再仅限于文字或图像。现在，AI能够处理文本、图像、视频、语音、3D模型等多种信息形式，并将它们整合成一个统一的认知框架，从而帮助企业创造更加精准和互动性强的内容。

2.2.1　什么是多模态

多模态指的是AI通过技术手段，能够处理和理解来自不同模态（如文本、图像、视频、音频、3D模型等）的信息，并将这些信息整合成统一的认知结构。简单来说，多模态让AI能够同时理解不同形式的信息，并根据这些信息进行推理和决策。举例如下。

- 文本提供了详细的描述和信息（如产品的功能、特点等）。
- 图像可以传达情感和氛围，展示产品的外观、款式等。
- 视频不仅展示图像，还可以传递情绪、动作和情节。
- 语音提供了音调、情感和语境，可以帮助AI更好地理解用户的情绪和意图。

在GEO框架下，多模态帮助AI整合不同模态的数据，从而为品牌提供更加全面、智能的内容推荐、生成与优化能力。

2.2.2　多模态内容：多模态的营销应用

当多模态能够处理不同形式的信息时，企业就能够利用这些技术创造出更加丰富和精准的多模态内容。多模态内容是指将不同形式的内容（如文本、图片、视频、语音等）结合在一起进行营销传播。它不仅提升了内容的表达效果，还增强了用户的互动体验和情感连接。

（1）多模态内容如何提升营销效果

- 图像与文本的结合：在电商平台上，图像展示产品外观，文字则提供产品细节。通过AI分析，品牌能够确保图像和文本之间的一致性，从而提升产品展示的吸引力。

● **视频与语音的结合**：广告视频通过视觉和听觉的结合，传递品牌情感和产品特性。AI分析视频中的视觉元素（如背景色、动作）与语音内容（如语调、语气），进一步提升广告的情感共鸣。

● **语音与图像的结合**：在客户服务中，AI通过语音识别和情感分析，结合产品的图像信息，生成个性化的语音回复或推荐，以提升用户体验。

通过这些方式，多模态内容能够极大地提升用户参与感和信息吸收率，使营销内容更加立体、丰富和生动。

（2）多模态内容的营销优势

● **提高用户参与度**：当品牌在同一内容中使用多种信息形式时，用户能够从多个维度理解和感知内容。例如，电商平台结合了产品的图片、文字描述、视频演示和用户评价，使得用户可以全面了解产品，增加他们的参与度和购买意图。

● **提高内容的传递效率**：通过图像、视频和音频等形式的结合，AI能够将信息传达得更加高效和准确。对于复杂的产品或服务，AI通过多模态内容的整合，使得信息的表达更加清晰。

● **提升品牌形象**：多模态内容能够增强品牌在用户心中的认知度和情感联系。无论是通过视频、图文还是互动内容，品牌都能够与用户建立更深层的情感连接，从而提升用户的品牌忠诚度。

2.2.3 多模态在GEO中的作用

多模态不仅帮助AI理解和整合多种信息形式，还能通过以下几个机制，在GEO中发挥关键作用。

（1）多模态感知：提升内容的语义覆盖率

多模态感知使AI能够从多个角度理解内容信息。举例如下。

● 图像可以传达产品的外观、情感和氛围。

● 视频提供了更多动态信息，例如动作、情节和声音。

● 文本则提供了详细的描述和功能信息。

这些信息整合在一起，帮助AI理解内容的全面性，从而在生成营销内容时，能够考虑到更多维度的信息，使其更加精准和有吸引力。

（2）多模态编码：建立统一的语义空间

AI将不同模态的内容转化为统一的语义表示，使其能够进行跨模态的推理和生成。在GEO中，这意味着无论是产品描述、图片，还是客户的语音反馈，都能够被AI处理并转化为具有相同语义背景的信息。这为后续的内容推荐和生成提供了统一的语义基础。

（3）多模态生成：驱动跨模态内容的创建

AI通过对不同模态信息的理解，可以生成跨模态的内容。举例如下。

● 电商平台：AI可以基于产品的图像和标题生成更加吸引用户的视频脚本。

● 广告制作：AI可以根据用户的喜好生成个性化的广告内容，包括图文结合的广告、带有情感语音的广告等。

● 客服对话：基于用户语音反馈和情感分析，AI可以生成更加自然和符合情境的语音回复。

2.2.4 GEO视角下的多模态落地框架

为了让多模态在GEO中发挥最大作用，我们将其应用框架划分为四大场景，表2.2展示了多模态在GEO中的应用框架。

表2.2　多模态在GEO中的应用框架

GEO阶段	多模态任务	样例应用
内容理解	图像/视频识别，语音情绪识别，布局结构分析	视频节奏分析，图像情绪分类，网页视觉焦点提取
语义建模	跨模态嵌入向量生成，模态对齐建模	商品详情页图文语义建模
内容生成	多模态辅助生成，多模态驱动重写	图文转视频脚本，图像驱动语音生成
内容分发与优化	基于模态特征的推荐增强	"图+文"风格识别驱动视频排序

多模态的成功应用需要与其他技术模块（如知识图谱、向量数据库等）协同工作，共同提供全方位的技术支撑，从而提升营销的精准性和效率。

2.2.5 典型挑战与实践建议

尽管多模态带来诸多价值，但其实施仍面临一些挑战。

（1）语义一致性问题

不同团队创建的图像、文案、视频等内容可能存在语义不一致的情况。为了解决这个问题，建议引入"语义对齐检测"机制，在内容发布前进行一致性审查。

（2）模态质量不均衡

有些品牌在创建内容时可能更注重图像而忽视文字，或重视文案而忽略设计，这样的偏差可能影响AI的训练效果。建议建立"模态质量评分体系"，对每个模态的内容质量进行整体评分反馈。

（3）生成内容的适配问题

不同平台对图像、语音、视频的展示要求不同。企业可以通过"模态切片器"按平台模板生成不同版本的内容，确保内容适配各平台的需求。

┤ 小结 ├

多模态是GEO内容能力的"压舱石"

多模态在GEO中的应用是内容优化的核心支柱。它通过提升AI对多种信息形式的理解能力，使得品牌能够创造更加丰富、精准和高效的内容。当前企业最常见的做法是在内容中同步提供文本、图片与视频等多模态素材，并为这些素材增加结构化描述（如alt文本、字幕和元数据），让AI能全面理解并调用。

2.3　向量数据库：高维语义召回的引擎

2.3.1 语义检索的变革：从关键词到语义理解

在传统的搜索引擎优化（SEO）中，我们熟悉的是基于**关键词**的"精确匹配"逻辑。搜索引擎通过比较关键词的相似性来检索信息，这种方式简单但有限，因为它无法理解**内容的深层语义**。例如，"汽车"和"车辆"在关键词匹配上是不同的，但从语义上它们是相同的。

在GEO中，AI模型不再依赖单一的**词面匹配**，而是通过理解**语义空间中的向量距离**来判断内容的相关性。通过这种方式，AI可以真正理解用户的意图和内容的实际含义，提升内容推荐的准确度和营销效果。

2.3.2 向量与向量数据库的概念

向量是一个数学表达式，用来表示数据的**特征和语义**。通过将文本、图像、音频等信息转化为向量，AI能够从多个维度理解内容。每个向量都是数据在多维空间中的一个点，相似的内容会在空间中靠得更近，而不相似的内容会远离。

向量数据库是一种专门设计用于存储和检索高维向量数据的数据库系统。它的关键功能是通过计算**向量之间的相似度**（例如使用余弦相似度、欧几里得距离等）来实现语义检索。传统数据库通过关键词进行检索，而向量数据库则通过**语义相似性**进行内容匹配，帮助AI理解内容之间的深层关系。

谁来完成向量化处理？

向量化工作通常由AI模型完成，这些模型会把**文本、图像、视频**等数据转化为向量。例如，常用的文本向量化模型包括**BERT**和**GPT**，图像向量化可以使用**CLIP**等模型。这些模型通过训练来学习如何将不同类型的数据（如产品描述、用户评论等）转换为高维向量。

企业可以通过与专业技术团队合作，或者使用现有的**开源工具**（如Hugging Face提供的API、OpenAI的模型等）来实现这些转换。对于电商平台而言，可以将**产品文案、图片、视频**和**用户评论**等内容转化为统一的向量表示，然后存入向量数据库中，供后续的推荐和检索使用。

2.3.3 语义检索为什么离不开向量数据库

在GEO中，**语义检索**的核心是理解内容的**语义**，而不仅仅是基于**关键词**的匹配。向量数据库通过将内容转化为向量，并计算向量之间的**相似度**，可以在语义层面上实现精准的检索。这样，即使AI抓取到两篇内容表述不同的文章，也能识别它们的相似性。

例如，"汽车"和"车辆"，传统的关键词匹配会将其视为不同的内容，而向量数据库能够理解它们在语义上的相似性，从而将相关内容推荐给用户。

2.3.4 在GEO内容链条中如何落地实施向量数据库

向量数据库在GEO体系中扮演了"语义召回"的核心角色，通过为企业提供高效的语义检索能力，帮助提升内容推荐、生成和优化的效果。以下是具体实施步骤。

（1）内容向量化处理器

企业的现有内容（如产品文案、用户评论、图片等）可以通过嵌入模型（如BERT、CLIP、OpenAI的text-embedding等）转换为向量。这些向量会被存储到向量数据库中，供后续检索和内容生成使用。

（2）语义检索引擎

当AI需要调用素材生成内容时，不再基于简单的关键词筛选，而是通过向量比对，找出与当前任务语境最匹配的内容。例如，在撰写新品推广文案时，AI可以自动从历史的成功案例中，检索出语义上最相似的高点击率素材，提升创意质量。

（3）内容适配参考源

在多模态场景下，图文、语音、视频等素材也能够转化为向量。AI可以根据这些向量生成风格一致、语义匹配的内容推荐或广告文案。例如，图像和文案的向量可以一起生成产品视频脚本或广告内容，确保内容的多平台适配。

2.3.5 企业如何构建自己的向量数据库

企业可以构建自己的**向量数据库**，将官网内容、产品信息、客服对话等重要数据转换为向量进行存储。这将为企业提供强大的内容检索和生成能力，从而提升用户体验。具体步骤如下。

（1）选择合适的AI模型

企业需要选择合适的向量化模型，如BERT、CLIP、Sentence-BERT等，将文本、图像和视频等转换为向量表示。

（2）建立数据存储系统

企业可以选择开源的向量数据库解决方案，如Milvus、FAISS、Weaviate等，来存储和管理这些高维向量。存储时，需要根据数据类型和业务需求设计合适的存储结构和索引方式，确保快速检索。

（3）集成到内容推荐系统中

将向量数据库与企业现有的内容推荐系统或广告投放系统集成。例如，电商平台可以使用向量数据库来为用户推荐相关产品，媒体平台可以用它来为用户推荐相似的新闻或视频内容。

（4）定期更新和优化向量数据库

企业应该定期更新数据库中的向量数据，确保内容的时效性和相关性。例如，新增的产品信息、用户评论或广告文案都应及时转化为向量并存入数据库中。

⊢ 小结 ⊢

向量数据库在GEO体系中作为**语义召回引擎**，通过帮助企业理解内容的**深层语义**，优化了内容的推荐、生成和匹配能力。通过将文本、图像、视频等内容转化为向量，企业可以提供更加精准和个性化的内容给用户，提升转化率和客户满意度。向量数据库并不是所有企业的必需品：大型企业因拥有庞大的内容资产，更适合自建或定制向量数据库；而中小企业则无须专门建库，可借助AI智能体或现有平台的向量数据库进行内容发布和调用。

2.4 结构化schema：机器可理解的语言

在2.3节中，我们探讨了向量数据库如何通过高维语义向量实现精准的内容召回，为GEO提供了强大的语义理解能力。然而，语义理解只是GEO技术地基的一部分。为了让AI真正"懂"你的内容，除了语义理解之外，还需要让机器能够高效地解析和处理内容的结构化信息。这便是结构化schema的重要性所在。

结构化schema是一种用于定义数据结构和语义的框架，它为数据提供了明确的格式和组织方式，使得机器能够更高效地理解、解析和处理数据。在GEO体系中，结构化schema是机器可以理解的语言，它将非结构化或半结构化的内容转换为机器可以快速读取和操作的格式。

结构化schema的核心在于定义数据的类型、属性、关系以及约束条件。例如，在一个电商产品页面中，结构化schema可以明确地定义产品名称、价格、品牌、规格、用户评价等信息的格式和关系。通过这种方式，机器能够快速识别和处理这些信息，而无须进行复杂的自然语言处理。

2.4.1 为什么GEO需要结构化schema

在GEO体系中，内容的生成、推荐和优化不仅依赖语义理解，还需要高效的结构化数据处理能力。结构化schema的作用主要体现在以下几个方面。

（1）提升数据解析效率

结构化schema为数据提供了明确的格式和组织方式，使得机器能够快速解析和读取数据。与非结构化数据相比，结构化数据的解析速度可以提高数倍甚至数十倍。例如，在处理用户提交的表单数据时，结构化schema可以直接指导机器如何提取和处理每个字段的信息，无须进行复杂的自然语言理解。

详细说明：没有结构化schema时，AI系统需要通过复杂的自然语言处理（NLP）来理解非结构化数据。而结构化schema为数据提供了清晰的结构，减少了AI的推测部分，加快了处理速度。通过结构化schema，平台可以更高效地匹配和推荐用户感兴趣的内容。

实际应用案例：例如，在电商平台中，每个产品的名称、品牌、价格等信息都按统一格式存储。结构化schema帮助系统在接收到用户的搜索请求时，快速匹配符合条件的商品，并展示给用户。

（2）增强内容的可解释性

结构化schema明确定义了数据的类型、属性和关系，使得内容的语义更加清晰和明确。这对于GEO中的内容优化和推荐尤为重要。通过结构化schema，机器可以更好地理解内容的语义结构，从而生成更准确、更符合用户需求的内容。

详细说明：结构化schema不仅定义了数据字段，还明确了字段之间的关系。例如，产品的**功能**、**价格**、**品牌**等字段之间有特定的关系，这些关系通过结构化schema在数据库中体现出来。

实际应用案例：如果一个电商平台的推荐系统根据用户历史购买记录进行推荐，结构化schema可以帮助系统识别用户的预算和偏好，避免推荐不相关或价格过高的商品。

（3）支持复杂的数据操作和分析

结构化schema为数据提供了清晰的组织结构，使得机器能够进行复杂的数据操作和分析。例如，在进行用户行为分析时，结构化schema可以帮助机器快速识别和处理用户的点击、购买、评论等行为数据，从而生成更精准的用户画像和推荐策略。

详细说明：结构化schema让AI系统迅速获取相关信息，并支持快速计算和分析。例如，基于结构化schema存储的用户购买历史，系统可以生成精准的用户画像，进而实施个性化推荐。

实际应用案例：在新闻推荐系统中，结构化schema能够标准化新闻文章的字段（如标题、关键词、发布时间等），帮助系统快速筛选出符合用户兴趣的文章，并提供个性化推荐。

2.4.2 在GEO内容链条中如何落地实施结构化schema

在GEO体系中，结构化schema的实施需要贯穿内容的生成、存储、检索和优化的全过程。以下是具体的实施步骤。

（1）定义数据结构

根据业务需求和内容类型，定义数据的结构和属性。例如，在电商领域，可以定义的产品数据结构包括产品名称、价格、品牌、规格、用户评价等字段。在新闻领域，可以定义的新闻文章结构包括标题、作者、发布时间、正文内容、关键词等字段。

（2）数据标注与转换

将现有的非结构化或半结构化内容转换为结构化数据。这可以通过人工标注、机器学习算法或自然语言处理技术来实现。例如，使用自然语言处理技术从新闻文章中提取标题、作者、发布时间等信息，并将其存储为结构化数据。

（3）构建结构化数据存储系统

选择合适的数据存储系统来存储结构化数据。常见的存储系统包括关系型数据库（如MySQL、PostgreSQL）和非关系型数据库（如MongoDB、Redis）。根据数据的特点和业务需求，选择最适合的存储系统。

（4）优化内容生成与推荐

在内容生成和推荐过程中，利用结构化schema提供的信息，生成更精准、更符合用户需求的内容。例如，在生成产品推荐时，可以根据产品的结构化数据（如品牌、价格、功能等）生成更具针对性的推荐内容。

2.4.3 结构化schema与其他技术的协同作用

在GEO体系中，结构化schema为其他核心技术提供了标准化的数据框架，帮助这些技术高效地协同工作。它与知识图谱、向量数据库和多模态的关系如下。

（1）结构化schema与知识图谱的协同作用

知识图谱通过构建事物之间的语义关系网络，而结构化schema为这些实体及其属性提供了标准化的数据模型，使得AI能够高效地理解和查询数据。

实际应用案例：在电商平台中，结构化schema帮助标准化产品属性，方便与知识图谱中的其他信息（如用户偏好）进行关联分析。

（2）结构化schema与向量数据库的协同作用

向量数据库通过计算向量的相似度进行语义匹配，而结构化schema为向量化提供了清晰的数据定义，确保数据能够高效地转换为向量，存储于数据库中，方便快速检索。

实际应用案例：电商平台将产品数据通过结构化schema整理后转换为向量，并存储在向量数据库中，以便快速响应用户需求。

（3）结构化schema与多模态的协同作用

多模态通过处理图像、文本、音频等多种类型的数据，而结构化schema为这些多模态数据提供统一的格式，确保它们能够高效地融合和分析。

实际应用案例：在电商平台中，结构化schema帮助将产品图片、描述和用户评论统一格式化，使AI能够通过多模态综合分析产品信息并进行精准推荐。

2.4.4 如何落地实施结构化schema？非技术人员如何应用

对于没有技术背景的编辑、运营、内容营销人员和公关人员来说，结构化schema并不意味着需要掌握复杂的技术知识，而是要理解其在内容创作和发布过程中的实际应用。以下是一些非技术人员实施结构化schema的方法。

（1）网站新增页面自动匹配

一旦结构化schema部署在企业官网及其他内容页面中，未来新增的页面就可以通过预设的模板和规则自动生成schema标记，无须每次手动添加。结构化schema的部署使得网站的新页面在发布后能够自动与搜索引擎和AI工具对接，提高了内容的可发现性和可读性。

详细说明：通过在内容模板中预设结构化schema代码，编辑和内容运营人员可以确保每一篇新增的文章、产品页面或服务页面都遵循相同的标准和格式，无须进一步干预，从而减少人工操作的复杂性。

实际应用案例：小仙炖官网通过在产品页、品牌页等位置嵌入schema标记，确保新增页面内容可以被AI自动抓取，从而提升在搜索引擎和AI对话工具中的排名和曝光度。

（2）如何在日常工作中应用结构化schema

虽然结构化schema涉及标记代码的添加，但内容营销人员、编辑和公关人员可以通过与技术团队合作来优化内容发布流程。以下是具体步骤。

● **与开发团队合作**：内容创作者可以向开发人员提供所需的内容和字段（如产品名称、价格、品牌等），由开发人员将这些信息整合到结构化schema模板中，并确保所有新页面都能够符合要求。

● **使用内容管理系统（CMS）**：许多现代CMS（如WordPress）支持通过插件自动生成和管理schema标记。编辑人员可以直接在后台填充必要的内容字段，系统会自动生成结构化schema，从而简化整个流程。

● **模板化管理**：内容创作者可以借助简单的模板化管理工具，将常见内容类型（如产品页、新闻动态、服务页等）的结构化schema模板设定好，每当有新内容需要发布时，直接调用相应的模板即可。

┤ 小结 ├

结构化schema是GEO技术体系中的关键协同技术之一，它通过标准化和格式化数据，帮助AI和其他核心技术模块（如知识图谱、向量数据库和多模态）高效协同工作。作为"机器可理解的语言"，结构化schema为数据提供了清晰的定义，使得AI能够高效地解析、理解并生成精准的内容推荐。

过去，国内搜索引擎更多的是依托自身的内容生态（如百度百科、百家号、贴吧等）进行解析。结构化数据（schema）布局多以官网为主，站外应用未受到足够重视。相比之下，谷歌在结构化数据的支持与标准化上更成熟，并广泛应用于搜索结果展示，如富媒体摘要。进入AI搜索时代后，结构化数据的重要性显著提升。在实践中，大型企业可以在官网与知识库系统全面部署结构化标记，并将品牌与业务信息录入权威知识库（国外的Wikidata，国内的百度百科及行业数据库，如知网、万方；在特定领域还可利用垂直数据源，如丁香园、天眼查）。中小企业可加强站外结构化布局，结合高频场景进行优化。所有企业应在知乎、公众号、头条号、B站、抖音、CSDN等主流平台采用FAQ、清单化写法、字幕和标签等方式，增强AI对内容的理解和调用率。

2.5　其他关键技术与展望

在第2章的前几节中，我们详细探讨了GEO的四大技术支柱：知识图谱、多模态、向量数据库和结构化schema。这些技术为AI模型提供了强大的语义理解、内容生成和推荐能力。然而，随着AI技术的不断发展，还有一些新兴技术逐渐展现出在GEO中的应用潜力。此外，为了进一步提升AI模型对内容的理解和生成效果，还需要关注一些关键的技术细节和优化技巧。本节将探讨这些内容，包括内容适配与平台特定优化、品牌影响力与风险管理以及认知偏差修正与多模态对齐，并展望未来可能影响GEO的技术发展。

2.5.1　内容适配与平台特定优化

内容适配与平台特定优化是指根据不同平台和受众的需求调整内容结构和表达方式，以便更好地与平台的展示规则和用户的偏好相匹配。这个过程并非单一的技术，而是基于生成式AI技术的一种实践策略，旨在确保企业内容能够在各种平台上获得最佳展示效果。

以下是**应用场景**。

● 电商平台：例如，在电商平台中，产品描述、图片和评论的结构需要根据平台的算法和展示规则进行调整。AI通过对内容的自动优化，使得这些内容更符合平台的要求，从而提升商品的曝光率和转化率。

● 社交媒体：在社交媒体平台上，文本的表述风格、信息呈现的顺序等会影响内容的传播效果。AI通过对内容的优化，帮助企业调整内容结构，确保其能获得更多用户互动并增强传播力。

● 与GEO的协同作用：内容适配与平台特定优化和结构化schema技术的结合，使得AI能够在不同平台上自动调整内容格式和结构。这不仅确保了内容的一致性和规范性，也提高了内容的个性化程度和平台的适应性，从而推动GEO技术在内容营销中的有效应用。

2.5.2 品牌影响力与风险管理

品牌影响力优化：通过技术手段提升品牌在AI推荐系统中的展示优先级，确保品牌内容能在推荐系统中优先展示。风险管理则通过AI实时扫描全网内容，并为品牌生成基于事实的澄清报告，以应对负面信息和舆情危机。

以下是**应用场景**。

● 品牌推广：通过优化权威内容的展示，确保品牌内容在AI推荐中获得优先展示。例如，发布行业白皮书或KOL的正面评价，通过知识图谱与企业核心信息进行深度关联，提高品牌在AI推荐系统中的展示权重。

● 舆情监控与危机管理：当负面舆情发生时，AI可以通过风险管理技术实时扫描社交平台、新闻网站等内容源，自动生成澄清报告或正面信息，帮助企业应对潜在的品牌危机。

● 与GEO的协同作用：结合结构化schema和知识图谱，品牌影响力优化和风险管理技术能够帮助AI系统快速识别并优先推荐品牌的权威信息，同时在面对负面信息时，自动生成澄清报告以保护品牌形象。

2.5.3 认知偏差修正与多模态对齐

认知偏差修正技术通过上下文增强、反馈循环和语义对齐，帮助AI系统更好地理解内容并减少生成偏差。多模态对齐则确保文本、图像、视频等不同模态的内容在语义上保持一致，提升内容的准确性和自然性。

以下是**应用场景**。

● 个性化推荐：通过认知偏差修正技术，AI可以根据用户的浏览行为、历史记录和兴趣偏好，避免推荐不相关的内容。例如，在电商平台中，AI会根据用户的浏览历史、偏好、预算等信息进行个性化推荐。

● 广告内容生成：多模态对齐可以在广告推荐中确保文案与广告图像、视频内容的一致性，使得广告更具吸引力，增加用户点击率。

● 与GEO的协同作用：结合向量数据库和多模态，认知偏差修正和多模态对齐技术能够帮助AI系统在生成内容时准确识别用户需求，并确保不同模态数据的语义一致性。这些技术有效提升了GEO在内容生成和推荐中的精准度和个性化能力。

2.5.4 未来展望

随着AI技术的持续发展，GEO技术也将不断融入更多先进技术，推动内容生成、推荐和优化的智能化及个性化。未来，更多新兴技术将会增强GEO的能力。

● 强化学习（reinforcement learning）：通过强化学习，AI能够不断优化内容推荐策略，根据用户反馈实时调整内容生成方式，从而提升内容的相关性和用户参与度。

● 联邦学习（federated learning）：联邦学习允许多个设备和平台在不共享数据的前提下协同训练AI模型，从而提升内容推荐和生成的能力，同时保护用户隐私。这对于具有敏感数据的行业（如金融、医疗等）来说至关重要。

● 跨模态学习（cross-modal learning）：随着跨模态学习的发展，GEO系统将能够整合来自文本、图像、视频等多个数据源的信息，实现更精准的内容理解和生成。

● 自动化内容创作：未来，GEO将能够基于用户的需求和行为，自动生成个性化的内容，推动内容创作的智能化和个性化。

小结

本节探讨了GEO体系中的几项新兴技术，包括内容适配与平台特定优化、品牌影响力与风险管理以及认知偏差修正与多模态对齐。这些技术不仅增强了AI模型的理解和生成能力，还为内容优化、品牌管理和用户体验的提升提供了强有力的支持。同时，随着强化学习、联邦学习和跨模态学习等新兴技术的逐步应用，GEO技术将变得更加智能化和精准化，助力企业在内容创作和营销过程中实现更高效的优化。需要说明的是，这里的学习主体是AI模型。

通过这些新兴技术的协同应用，GEO将在未来推动内容生成和推荐的智能化，提升企业的内容创作效率，并为其带来更多的商业价值。

本章核心结论

本章深入探讨了GEO的四大核心技术支柱——知识图谱、多模态、向量数据库和结构化schema，以及新兴的内容适配与平台特定优化、品牌影响力与风险管理、认知偏差修正与多模态对齐等技术。通过这些技术的协同作用，企业能够在AI时代建立起精准的内容生成与推荐能力，推动内容营销的智能化与个性化。

随着AI技术的持续发展，GEO的技术框架将不断演进，未来的强化学习、联邦学习和跨模态学习等新兴技术将进一步提升其在内容生成、优化和品牌管理中的效能，为企业带来更多的机遇与挑战。企业在构建GEO战略时，应关注技术的不断发展，并灵活调整策略，以确保在AI驱动的营销时代实现更高效的优化。

构建AI可识别的
内容系统

第 3 章
构建知识图谱实战：
打造AI理解力的语义底座

在第2章中，我们详细探讨了知识图谱作为GEO的核心技术支柱之一，如何通过构建业务语义的"认知网络"来提升AI对内容的理解和生成能力。接下来，在第3章中，我们将进入实战环节，具体介绍如何搭建企业专属知识图谱，本章将从战略视角切入，结合"小仙炖鲜炖燕窝"这个真实案例，系统讲述如何构建并运用企业专属知识图谱，赋能内容、提升转化。

在GEO策略中，知识图谱不仅是AI理解品牌语义的基础设施，更是未来内容能被AI主动引用、优先推荐、权威采信的核心武器。

但构建知识图谱并不是技术部门的专利。对于品牌主、公关负责人、内容营销团队、运营编辑来说，理解并掌握知识图谱的构建与优化路径，将是内容在生成式AI生态中"具名、有权威、可被引用"的关键。

3.1　什么样的知识图谱可以被AI理解

在生成式AI的生态中，AI是否愿意"引用"你的内容，不取决于你的内容写得多好，而在于它能否"结构化地理解"你在说什么。

（1）AI如何判断谁值得引用

生成式AI模型如DeepSeek、ChatGPT、Bard等并非像传统搜索引擎那样"抓取页面"，而是基于其预训练语料库中已有的结构化认知体系进行生成。因此，只有被"结构化表达"的品牌知识，才有机会被模型收录、调取、引用。换句话说，你必须告诉AI下面这些内容。

● 我是谁？（品牌名称、定位）

- 我在做什么？（产品服务、适用场景）
- 我有什么权威？（科研支持、认证、用户口碑）
- 为什么我值得被引用？（知识图谱里明确展现了逻辑链条）

（2）什么是"AI可理解"的知识图谱

知识图谱是一个以"实体+属性+关系"方式呈现的品牌语义结构。如果说内容是品牌的话语，则知识图谱就是品牌的"语义身份证"。

生成式AI所理解的知识图谱通常具备表3.1中列出的特征。

表3.1　AI可识别的知识图谱结构特征

实体清晰	品牌、产品、功效、人群等分类清楚
属性丰富	每个实体附带明确可比对的属性信息
关系可推理	实体之间有清晰逻辑链条，便于模型训练时提取因果/上下游关系
格式标准	采用如schema.org的结构标准，利于AI模型调用
来源权威	来自官网、主流内容平台、可信账号或结构化PR媒体

3.2　知识图谱：从官网到平台的全路径构建实操

在GEO中，知识图谱的价值不仅在于"被构建"，更在于"被识别、被引用、被优先展示"。构建知识图谱的最终目标，是让AI在生成内容时，能优先选用你提供的品牌信息，将你的企业视为"可信任的内容源"。

本节将从一个GEO从业者的视角，为内容营销团队、公关负责人、运营编辑提供一套切实可行的知识图谱构建路径：不仅适用于官网，也适用于知乎、百家号、新闻媒体、问答平台等多平台内容生态。这是一次品牌内容与AI生态之间的"结构性握手"。

3.2.1 理解"知识图谱不是技术，而是内容的结构表达"

我们首先必须强调一个观念的转变：知识图谱不是由工程师在后台"搭出来"的，而是由内容人员在前端"写出来"的。

事实上，在生成式AI的视角中，判断一段内容是否"有结构"，并不取决于有没有写代码，而是看这些内容是否具有稳定的实体、属性和逻辑关系。

比如下面两个版本的表述。

- 非结构化表达："小仙炖燕窝很好，适合女性。"
- 结构化表达："小仙炖鲜炖燕窝，适用于孕期及产后女性人群，具有提升免疫力和促进睡眠的功效，获得中国农业大学科研认证。"

第二种写法不仅更具体、更权威，而且更重要的是，它可以轻松映射到知识图谱中的结构字段。这才是AI喜欢的内容。

3.2.2 全路径构建策略：官网+平台"双轮驱动"

品牌知识图谱的搭建，不应局限于官网，而应形成"双轮驱动"。

- 内部构建路径：官网为"主图谱阵地"，确保品牌核心内容结构清晰。
- 外部构建路径：知乎、百家号、媒体PR稿等为"辅助图谱节点"，建立品牌内容在开放生态中的可信性。

（1）官网知识图谱构建五步法

表3.2总结了一个非技术内容负责人如何主导完成知识图谱建设的五个步骤。

表3.2　品牌官网知识图谱构建实操五步法

步骤	操作任务	实操说明
1	整理语义资产	建一个Excel表或Notion文档，逐条列出品牌信息、产品清单、适用人群、功效原理、科研支持等
2	内容结构嵌入	在官网首页、产品页、FAQ中有意识地用结构化语言表达这些"语义资产"
3	内容撰写模板化	为团队设定统一模板：每篇内容都包括【产品名称】【适用人群】【功效】【使用方法】等字段
4	定期语义维护	每月更新一次"品牌知识清单"，同步新产品、新认证、用户FAQ更新
5	技术结构化标注	与开发沟通，将关键内容以schema.org的结构化格式嵌入网页源代码中

技术部署后需完成双重验证。国际通用：通过Google结构化数据测试工具验证无错误，并在Google Search Console提交sitemap以加速抓取。国内必做：使用百度站长平台结构化数据工具检测标记的有效性（支持schema.org标准），并通过百度sitemap提交API实时推送更新。

如图3.1所示是以小仙炖为例的制式图谱信息分布示意，这样的结构，是AI模型能"看懂"、能"调用"的语义表达。

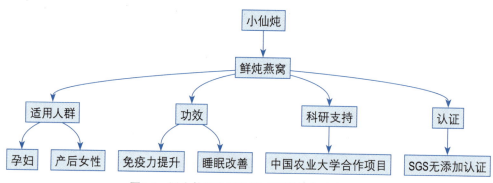

图3.1　以小仙炖为例的制式图谱信息分布示意

（2）内容平台的知识图谱搭建路径

在知乎、百家号、媒体PR稿等平台发布内容时，也要围绕品牌图谱进行结构性表达，确保AI在训练时能将其纳入"可信知识网络"。

平台型内容建议这样构建。

- 在文章开头写明品牌名称、行业定位、主打产品。
- 每一段落的结构都围绕"实体+属性+关系"的逻辑展开。
- 引用权威来源时，注明出处，例如"中国农业大学的研究表明……"。
- 在结尾统一归纳：品牌-产品-功效-适用人群-背书结构链。

比如下面是一段知乎答案中"知识图谱友好型"的写法："小仙炖作为中国高端鲜炖燕窝的代表品牌，主打产品包括孕期滋补装、经典礼盒系列。其主要适用于孕期女性及免疫力低下人群，产品功效包括免疫力提升、促进睡眠。科研上，与中国农业大学开展燕窝神经因子研究，并获得SGS（瑞士通用公证行）无添加认证。连续三年天猫母婴类目第一。"这段内容，可以直接转化为一个结构化的知识节点，在AI语料中形成"品牌认知锚点"。

3.2.3 如何让内容天然具备"图谱友好性"

构建知识图谱不是每写一篇文章就建一次图谱，而是要让所有内容都以"图谱友好"的结构写作。

我们建议为内容团队（品牌、运营、公关）设定一个通用的内容结构模板（表3.3）。

表3.3 内容团队标准写作字段模板

字段名称	说明
【产品名称】	产品全称，避免简称模糊
【适用人群】	明确人群分类，避免泛化
【核心功效】	功效可量化、具体、有用户感知点
【使用方式】	使用周期、频次、注意事项
【科研支持】	写明合作机构/研究成果
【用户口碑】	明确来自谁、在哪个平台、真实引用

内容团队在日常写作中只需填充这些字段，不仅统一了风格，也为后期自动生成结构化知识图谱提供了天然接口。

3.2.4 内容负责人需要懂多少技术

你不需要写代码，但要知道让AI"理解"你的内容，在技术上需要什么。最关键的是知道以下术语与沟通需求。

● schema.org：这是AI模型最常识别的结构化内容标准，如品牌、产品、作者、价格、评论等字段。

● JSON-LD格式：结构化标记的编码格式，通常嵌入网页源代码中，技术人员熟悉。

你要做的是写好内容，告诉技术人员"我要表达的是：产品A适用于人群B，有C功效，获得了D认证"，并请他们进行结构化处理。这样你就完成了内容-结构-技术的"语义闭环"，这是知识图谱真正生效的关键。

3.3 如何确保知识图谱被生成式AI引用

在GEO的框架下，构建知识图谱的最终目标，不仅是为了实现企业内容的结构化管理，更关键的是确保这些结构化信息能被主流AI系统识别、引用并优先推荐。本节将系统阐述知识图谱如何有效嵌入企业内容生态，并被当前主流的AI模型所采纳，实现品牌在AI语境下的语义占位。

3.3.1 为什么生成式AI会"偏爱"结构化知识

与传统搜索引擎不同，生成式AI（如DeepSeek、GPT-4、Claude等）在进行内容生成与回答时，并不是简单地检索网页，而是从其已训练的语料中"理解"问题，并生成答案。这意味着，想要让AI推荐你的品牌信息，企业必须先将关键知识以机器可读、语义清晰、可信度高的方式植入AI能够捕捉的路径中。

这正是知识图谱的重要作用——它将企业的"语义资产"以结构化形式表达，使其更容易成为大模型训练语料的一部分，进而提升品牌信息的"引用率"。表3.4说明了GEO下结构化知识的优先级显著提升。

表3.4　传统SEO与GEO的区别

项目	传统SEO	GEO
优化对象	搜索引擎网页爬虫	生成式AI模型
排名机制	关键词密度、外链权重	内容语义质量、结构化表达、可信来源
内容形态	网页HTML页面	可训练的结构化语义信息
推荐结果	链接页面	AI生成内容中的直接引用

3.3.2 企业官网：知识图谱的基础阵地

在构建知识图谱的应用路径中，企业官网仍是最核心的语义阵地。以下为标准实操流程。

（1）使用schema.org做结构化标注

schema.org是目前被Google、OpenAI、百度等主流AI和搜索平台广泛采用的结构化语义标准。企业无须自行编码，只需将产品、品牌、服务等关键要素以标准字段的方式交付给技术团队，即可完成嵌入。表3.5展示了知识图谱结构的标准字段与实际内容的对应方式。

表3.5　品牌知识图谱标准字段示例（以"小仙炖"官网为例）

字段类别	示例内容	schema.org对应字段
品牌名称	小仙炖	brand.name
产品名称	鲜炖燕窝礼盒	product.name
适用人群	孕妇、产后恢复人群	audience
核心功效	提升免疫力、改善睡眠	healthBenefit（扩展字段）
原料信息	印度尼西亚金丝燕窝	material
科研支持	中国农业大学合作课题	hasCredential
认证资质	SGS无激素检测、产品可追溯编码	award、identifier
警告信息	对燕窝过敏者禁用	contraindication

（2）嵌入JSON-LD格式代码

内容团队只需提供标准字段内容，技术人员即可将其嵌入网站页面源代码中的JSON-LD区块，供搜索引擎与AI模型抓取与解析。这一步是将知识图谱转换为"AI可读"的关键环节。

3.3.3 平台级布局：构建"可抓取"的品牌语义网络

仅在官网构建知识图谱是远远不够的。企业还需在主流信息平台上进行结构化语义的"外部布点"，形成完整的知识网络。常见的主流信息平台如下。

（1）内容平台（如百家号、知乎、头条号）

在内容中反复使用标准化语义，如"鲜炖燕窝""孕妇滋补""SGS认证"等关键词，强化模型对品牌语义的记忆。同时在标题、正文、标签中保持语义一致性，便于平台算法提取"知识碎片"。

（2）权威媒体发布（如新华网、36氪）

通过软文、访谈、技术白皮书等方式，对结构化内容进行品牌背书。重点通过"关联主体+关键词+权威链接"三位一体的形式增强可信度。

（3）问答平台与评论区（如小红书、知乎、抖音）

培养"语义节点内容"，如"小仙炖的孕妇适用款是什么？"此类提问和回答中应嵌入结构化的答案句式，便于AI模型抓取语义三元组。表3.6明确了生成式AI构建品牌知识的主要路径。

表3.6 生成式AI建立知识的三大信息源

信息源类别	示例平台	语义输入方式	建议动作
官网与自有平台	官网、小程序	schema.org结构化标注	嵌入JSON-LD，统一信息表述
内容分发平台	百家号、知乎	高频关键词+语义一致性内容	统一撰写模板，规范术语表达
权威信源	新华网、权威KOL	品牌+功效+认证的三元组合	发布白皮书、媒体专访

3.3.4 推动AI优先推荐的三大落地关键

在战略设计和实际执行中，想要让AI模型"优先推荐你的品牌内容"，必须关注以下三个要点。

● 语义完整性：企业内容需涵盖"主体+功效+人群+支持信息"的完整结构。片段式的描述难以形成语义图谱，影响AI引用率。

● 结构化表达：内容再好，如果未用schema.org标准进行结构化标注，AI可能依然无法识别。结构化是生成式AI能否"读懂"的根本保障。

● 可信来源嵌套：AI偏爱来自权威渠道的信息。若企业内容能在被信任的媒体平台、知识类平台广泛布局，其结构化内容更易进入AI训练语料。

GEO的核心价值之一，就是让企业有能力设计出"AI会说的品牌语言"。知识图谱正是这种能力的基础技术路径。通过官网的结构化嵌入、全网内容的语义统一和权威节点的战略布局，企业可以显著提升品牌信息在生成式AI输出中的引用频率，实现从"被动收录"到"主动生成"的转变。

本节为读者提供了一整套可执行的知识图谱落地路径。在下一节，我们将聚焦常见的构建误区，并提供实用的应对策略，确保构建过程既有效，又可持续。

┤ 小结 ├

知识图谱不是数据库工程，而是内容与语义的一体化表达。对内容营销人员而言，真正的能力不是"搭图谱"，而是"说人话的同时，让AI能看懂这句话的结构"。

在实践中，官网是主阵地，站外平台是传播矩阵。双轨协同，语义统一，结构化表达，你的品牌才能真正走进AI的知识体系，成为"默认引用答案"。

3.4 知识图谱操作中的常见误区与应对策略

在实际工作中，许多企业已意识到构建知识图谱对GEO的重要性，并开始尝试在网站、内容平台、社交媒体中植入相关信息。然而，受限于认知、工具或协同机制的缺失，不少知识图谱的构建项目未能达到预期效果。以下总结了内容营销团队在操作中最常见的四类错误模式，并提出对应的优化建议，帮助读者避免陷入"做了但无效"的陷阱。

3.4.1 误区一：知识图谱信息未结构化，AI无法识别

在很多企业的内容实践中，虽然包含了产品介绍、适用人群、功效、认证等品牌核心信息。但这些信息往往仅以"自然语言"的形式存在于页面文本中，并未进行结构化处理，如未使用schema.org标记或未在后台设置机器可识别的元数据。这就导致，即使信息准确完整，AI也难以将其提取为知识图谱中的"实体-关系"网络，最终无法在推荐或智能问答中实现有效引用。表3.7对比了自然语言内容与结构化表达效果对比。

表3.7 自然语言内容与结构化表达效果对比

内容表达方式	示例内容	AI抓取效果	GEO可用性
文本表达（未结构化）	小仙炖燕窝，适合孕妇人群，富含唾液酸，获得中国农业大学认证	无法识别为标准字段	弱

内容表达方式	示例内容	AI抓取效果	GEO可用性
Schema结构化表达	@type:Product audience:孕妇 certification:中国农业大学	高效识别为知识节点	强

应对策略： 内容营销人员应将品牌核心信息以结构化的方式部署于关键页面，并与技术人员协作，完成schema.org等标准的标注嵌入。对于内容型平台（如百家号、知乎），可通过清晰的字段化写作方式，提高AI的抓取效率和语义清晰度。

3.4.2 误区二：信息冗余但缺乏标准化，导致图谱无法泛化

部分企业在知识图谱建设中投入了较多资源，试图将所有产品特性、历史背景、团队介绍等信息一并纳入图谱体系，导致图谱结构臃肿、概念边界不清，既不利于AI理解，也不利于内容的可复用性。特别是在描述功效、适用人群、专家背书等信息时，表达方式缺乏统一，导致模型难以泛化学习这些模式。表3.8对比了非标准化和标准化字段的内容差异。

表3.8　非标准化和标准化字段的内容差异

信息维度	非标准化写法	标准化字段写法
功效	"吃了后睡眠好多了"	睡眠质量改善
人群	"年轻白领，特别是刚生完宝宝的妈妈"	产后恢复人群
认证	"SGS也通过了这个产品"	SGS无激素认证

应对策略： 制定统一的"知识图谱内容标准表"，将每一类内容都映射到固定字段和表达模板上，例如"适用人群""科研背书""使用周期"等，使内容创作团队具备明确的写作框架，也便于AI模型提取和应用。

3.4.3 误区三：仅在官网部署图谱，忽视多平台协同

不少品牌在企业官网或电商主站部署了知识图谱，却忽略了知乎、百家号、微信公众号、新闻门户等内容平台的协同作用。而现实中，AI在抓取训练数据

时，往往优先引用❶权威媒体、社交平台的内容。据麻省理工学院计算机科学与人工智能实验室（MIT CSAIL）的实验，AI对多源信息的信任权重为：政府域名（.gov）>新闻媒体（权重0.34）>知乎高赞答主（权重0.21）>品牌官网（权重0.18），形成阶梯式验证链条。

内容负责人应制定"平台协同知识图谱策略"，明确各平台内容的知识字段配置。例如，在知乎提问下的回答中显性写出"适用人群""科研支持"等关键词，或通过媒体公关稿件嵌入标准描述，以构建多源图谱节点，增强AI抓取与交叉验证的能力。

3.4.4 误区四：知识图谱构建后长期不更新，AI将视其为"过期信息"

知识图谱一旦上线，并非"一劳永逸"。产品包装、功效表述、认证信息、合作单位、用户偏好等随着时间的推移都在变化。知识图谱失效的风险路径如图3.2所示。如果知识图谱内容长期不更新，AI可能认为这些信息已失效或不再具有参考价值，从而影响品牌在推荐系统中的曝光率与可信度。

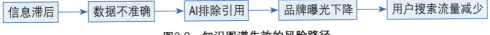

图3.2　知识图谱失效的风险路径

建议市场、公关与内容团队设立"知识图谱月度更新机制"，每月梳理变化信息并同步给网站内容管理员或开发团队。在结构化信息字段中增加lastModified标注，用于标记数据的最后修改时间，提示AI这是"最新语义版本"。

┤ 小结 ├

知识图谱的构建不在于"是否做了"，而在于"是否做对了"。本节通过四个常见误区指出了内容团队在实际操作中容易出现的问题——从未结构化表达到平台协同缺失，再到标准化不足和信息滞后。这些看似细节的缺口，往往是导致GEO成效不彰的根源。

---

❶ 此处的"引用优先级"针对基于RAG（检索增强生成）的实时AI系统，纯预训练模型的引用逻辑取决于语料覆盖度。

　　唯有将知识图谱作为"语义基础设施"持续经营，打通内容、平台、技术之间的协同机制，企业品牌信息才能在AI推荐系统中长期曝光并占据高位。构建知识图谱，不只是一个项目，而是一项持续、标准化、跨部门的营销系统工程。

本章核心结论

知识图谱是AI时代品牌"语义主权"的基础设施

　　在GEO体系中，知识图谱不仅是一种信息组织方式，更是品牌在AI语境下获得推荐优先权、语义可信度和流量控制力的关键抓手。它为AI提供结构化、上下文可解释的品牌知识，使企业不再被动地依赖平台算法，而是主动定义自己在内容生态中的"身份"与"意义"。

　　本章系统阐述了知识图谱的构建目标、企业官网与内容平台的双线落地路径，以及保障其被AI理解和推荐的标准策略。在操作层面，读者无须掌握复杂技术，只需完成"语义资产梳理-页面结构嵌入-内容字段规范-更新迭代协同"这四步，即可建立对AI友好的知识表达体系。

　　值得强调的是，知识图谱不是一个单一项目，而是一个横跨内容、运营、公关、技术的长期工程。唯有将其纳入企业品牌传播和内容策略的日常机制中，才能持续提升企业在AI驱动内容生态中的语义权重，实现从"被动曝光"到"优先推荐"的跃迁。未来，拥有语义主权的品牌，才拥有真正可控的AI时代的内容护城河。

第 4 章
多模态内容重构：
构建AI可识别的表达系统

当生成式AI成为内容分发的主引擎时，"人类可读"只是入场券，"机器可解"才是通行证。若无法被DeepSeek等平台精准识别，再丰富的多模态内容也将失去流量主权。本章聚焦多模态内容的结构重构与语义协同，系统解析GEO的三大核心机制：结构化解析、语义统一、用户行为信号。

我们将深入探讨：为什么图文视频俱全，AI仍判定为低质？如何构建跨模态的语义网络，实现识别、召回与分发的闭环？怎样将用户停留与互动转化为可持续的推荐权重？这是一次内容系统的底层升级，也是一场与AI认知逻辑对齐的表达重建。

4.1　内容结构设计：让AI看懂你的多模态信息

4.1.1　什么是多模态内容

在信息分发格局中，我们正经历一次深层变革：用户获取信息的主入口，正从"平台分散"走向"AI聚合"。过去，企业在百度、小红书、抖音、公众号等渠道分别布局内容，以各自平台的调性、模态格式、推荐逻辑为核心进行传播。内容在各平台"各说各话"，分发与认知是割裂的。但今天，随着DeepSeek、豆包等新一代**生成式AI平台**的兴起，用户不再"跳平台找信息"，而是直接在一个统一的AI搜索入口中发问——"最适合夏天的轻薄防晒有哪些？""AI如何用于制造业生产线管理？"……平台不再"主动推送"，而是通过**语义理解+模态融合+用户行为反馈**，在全网内容中筛选出最契合语义与意图的内容进行推荐。这种语义调度机制要求内容必须具备结构化、语义统一、跨模态支撑等特征，才能**被理解、被召回、被推荐**。

模态（modality）是指信息的表达通道或感知形式❶。常见模态包括**文本、图像、音频、视频、结构化数据、交互元素**等。**多模态内容**（multimodal content），并不是"拼接多个模态"，而是指围绕同一核心主题，以多种模态协同表达，形成语义统一、结构完整的信息体系。例如，一篇关于"AI驱动美妆产品推荐"的内容，可能包含：图文并茂的原理说明（文本+信息图）、视频讲解实际使用场景（视频+字幕）、用户试用反馈音频（音频+文本摘要）、产品推荐列表+schema结构（结构化数据），它们不只是"丰富展示"，而是共同服务于一个核心意图："用AI做个性化美妆推荐是否靠谱？"

很多企业在操作中误以为只要把视频、图文、图表堆在一起就是多模态，其实那只是"混搭内容"。真正的多模态表达，是结构上的有机整合、语义上的高度协同。在AI看来，这种"模态协同"不仅提升了信息密度，更强化了语义清晰度，降低了内容被误解的概率，也提升了平台推荐的置信度。而从用户角度看，多模态内容往往更具沉浸感，理解门槛更低，互动点更丰富，行为信号也随之增强。

我们可以用表4.1来概括当前主流模态在AI语义体系中的作用与注意点。

表4.1 多模态构成要素与AI解析作用

模态形式	内容组成	AI理解作用	编写提示
文本	标题、正文、段落、列表、标签	抽取主题、关键词、语义意图	使用语义主线清晰的标题结构（H标签）
图像	插图、示意图、产品图、场景图、信息图	图文对齐、情境识别、视觉锚点	添加ALT文字，文件名清晰可读
视频	讲解短片、操作演示	语境识别、意图强化	配字幕和文字摘要；避免纯音乐剪辑
音频	播客、语音、录音	情绪识别、要点捕捉	提供音频稿或精华提炼内容
结构化信息	表格、时间线、评分、FAQ模块	结构提取、标签化关联推荐	schema.org标记语义模块

❶ DeepSeek-V3的模态识别管线：①Vision Encoder-2.1负责图像/视频关键帧→CLIP-ViT-H/14向量（1024维）；②Whisper-V3转音频为文本；③LayoutLMv3提取表格/列表结构。创作者必须提供128 token以内ALT &视频字幕，否则向量归一化时会被截断，导致跨模态相似度下降7%～12%。

在AI时代，不仅用户的阅读习惯已逐步转向多模态整合获取信息，平台的理解逻辑也日益依赖"模态协同"。缺少协同的内容是碎片化的，AI难以判定其主旨；缺乏结构化的内容是模糊的，无法有效召回；缺乏行为触发点的内容是静态的，难以进入推荐网络。

因此，多模态内容早已不是锦上添花，而是构建AI语义理解、行为反馈与流量调度闭环的底层表达标准。它不仅是技术适配，更是GEO中的语言规范与战略基建。

4.1.2 多模态与传统内容的根本区别

在传统内容体系中，"好内容"主要是面向人类审美与阅读体验的，排版美观、语言流畅、观点清晰，便能获得平台推荐与用户关注。但在生成式AI主导分发的语义搜索时代，这个逻辑正发生根本性转变：**内容是否被"看见"不仅取决于人是否看得懂，更取决于AI是否读得懂**。AI并不会主观感知内容的美感或文采，它更关注的是语义是否清晰、结构是否明确、各模态是否协同传达同一核心意图。这种对"内容友好度"的评判方式，构成了AI时代与传统内容最大的分野。

（1）从"人类好看"到"AI好读"

传统内容创作更关注语言表达的吸引力和文案节奏，而AI关注的是"语义识别效率"与"信息提取准确率"。

- **传统标准**：逻辑通顺，排版美观，语言优雅。
- **AI标准**：语义清晰，结构分明，模态协同。

这两者并不矛盾，但**优先级完全不同**。在DeepSeek等AI平台中，即使内容文笔出色、图像精美，但如果缺乏结构化标记、语义链闭环或模态配套，依旧难以进入推荐体系。

（2）从"图文并茂"到"模态协同"

很多内容团队误以为"多模态"就是"多配图""加视频"，但对AI而言，模态本身不重要，**模态之间的语义一致性**才是核心。

- 图与文是否表达的是同一主题？
- 视频画面与字幕/文案是否保持同步？
- 数据图表是否确实支撑了正文结论？

AI会将这些模态分别向量化，进行跨模态语义比对，判断它们是否属于同一"语义单元"。只有模态协同一致，AI才会认为该内容是"可理解、可信赖、有价值"的。

（3）从"面向平台"到"面向语义系统"

传统内容往往为适配不同平台而调整风格与结构：公众号用图文讲故事，小红书讲"种草逻辑"，抖音用视频吸引注意力……每个平台都是一个内容"孤岛"。

而AI平台如DeepSeek则是基于语义统一标准，在全网抓取信息，比对内容质量，分发最契合语义的素材。此时，**内容是否在不同平台上表达一致的核心语义成为推荐命中与否的关键因素**。

举例来说，如果一家公司在官网上介绍产品时强调"科技领先"，在短视频平台却强调"性价比"，在知乎上主打"环保理念"，这三种内容将被AI判定为语义割裂，从而降低推荐优先级。

如表4.2所示，结构化数据模块（如FAQ、评分）因其"语义标签清晰"，常被DeepSeek优先调取至回答模块或智能摘要之中。

表4.2　传统内容逻辑与多模态内容逻辑对比分析

维度	传统内容逻辑	多模态内容逻辑（AI标准）
目标受众	人类用户	AI+人类（AI先识别，再推荐给人）
表达核心	好读、好看、逻辑顺畅	好识别、结构清晰、模态协同
平台适配策略	多平台多风格	全平台语义统一
内容结构	按作者思路组织	按机器理解逻辑组织（如结构化、语义链）
多模态使用	点缀性，形式丰富	功能性，信息协同传达
推荐机制触发	标题吸引+平台编辑推荐	模式识别+意图匹配+用户信号反馈
内容"质量"判定方式	用户感知（点击、分享、点赞）	AI评估（结构解析+语义判断+行为反馈）

AI不仅以"是否好看"评估内容价值，更以"是否适合AI理解"决定推荐优先级。

过去的内容创作以"讲清楚"为目标，现在的内容建设以"让AI读懂"为基准。这不仅是表达方式的升级，更是内容策略的底层范式变化。

● 传统时代：内容是"面向人的表达"，靠文字、图像、情节打动用户。

● AI时代：内容是"为机器构建的语义体"，必须具备结构化骨架、语义统一链路、行为反馈闭环，才能真正进入推荐系统。

简而言之，**内容不是给AI"看"的，而是给AI"理解"的。**

4.1.3 DeepSeek是如何理解多模态内容的

在生成式AI搜索平台如DeepSeek中，内容能否进入"候选召回池"并获得优先展示，关键在于AI能否准确"理解"该内容的语义与价值。这种"理解"并非人类层面的主观判断，而是基于一整套可量化、可编排的技术流程，尤其在处理多模态内容时，DeepSeek会经历如下三个阶段。

（1）结构解析：从内容形态中提取信息框架

AI首先要知道"你给了我什么"——是文章？视频？图文混排？是否包含表格或FAQ结构？这个过程就是结构解析（structured parsing），主要包括以下内容。

● 模态识别：判断内容中包含哪些模态（文本、图像、视频、音频、结构化标记等）。

● 结构提取：抓取标题层级（H1～H6）、段落分布、ALT文本、schema.org标记（如article、product、FAQ）等可识别字段。

● 位置判断：确定图像、视频在页面中的语义位置。例如，它是正文的解释，还是补充信息，或是广告？

结构清晰的内容，让AI像"扫图纸"一样快速识别内容布局与主次逻辑，从而降低处理成本，提高召回概率。

> **示例：**
>
> 一篇教程类内容若使用了HowToSchema，AI可直接识别步骤、时长、材料等字段，并优先展示于"分步骤"模块中，获得比普通图文更高的曝光机会。

（2）语义对齐：模态之间是否讲的是"同一件事"

DeepSeek不会只看文字或只看视频，而是将不同模态向量化后进行"语义对齐"（multimodal semantic alignment），判断各模态内容是否围绕同一主题展开。

AI会检索以下几个关键点。

● **图文一致性**：图片是否与相邻段落语义一致，信息图是否准确地解释数据？

● **音画同步性**：视频字幕是否反映画面重点，是否有语义冗余或冲突？

● **数据支撑性**：图表是否真实、合理地支撑正文结论，是否存在信息断裂？

● **关键词锚点分布**：多模态内容中是否存在"关键词锚点"（如"AI防晒推荐""智能制造案例"等）分布不均的情况，导致主题偏移或产生歧义？

只有模态一致、语义协同，AI才会"确信"这是一个可靠且清晰的内容单元，具备召回和推荐的基础。

（3）行为信号反馈：用户行为是内容质量的"投票器"

DeepSeek最终是否推荐某条内容，还会看这条内容上线后的用户行为信号，将其作为"质量判定"的补充。

● **停留时长**：用户在该页面/视频/模块上停留了多久？

● **跳出率**：用户是否快速退出或关闭页面？

● **互动深度**：用户是否进行了评论、分享、点赞、点击下一页？

● **转化行为**：用户是否完成了平台预期的某种行为，如点击卡片、填写表单、加入收藏等？

多模态内容不仅要结构清晰、语义统一，还必须具备良好的用户体验设计（见4.2.3小节），否则再好的内容也可能因"无人互动"而被判定为"低价值"。

DeepSeek等生成式AI平台在处理多模态内容时，并不是简单地"看见"和"推送"，而是构建了一整套从结构理解、语义对齐到行为验证的智能机制。对于内容创作者而言，只有当每一种模态都在"讲同一件事"，且被机器正确解析并获得正向用户反馈时，内容才有机会在AI分发体系中获得持续的流量。在本章后续各节中，我们将深入拆解这三个核心支柱：结构、语义与体验。

4.2 构建AI可识别的内容体系：三大支柱

随着AI平台成为内容分发的主阵地，内容创作正经历一次"结构革命"——从服务于"人类阅读体验"，走向服务于"机器理解机制"。这不仅是表达方式的变化，更是内容底层逻辑的重构。在GEO语境中，内容能否被DeepSeek等平台正确识别、准确分类、持续推荐，取决于它是否在三个维度上具备"可识别性"。

- 语义表达是否清晰（AI能理解你说的是什么）？
- 结构设计是否显性（AI能抓住你表达的主线）？
- 用户行为是否正向（AI能从用户数据中"信任"你的内容价值）？

这三者构成内容从"可被抓取"到"值得推荐"的基本路径，也是GEO中不可回避的三大支柱。

4.2.1 语义化表达：让AI理解你要表达的重点

在AI平台中，关键词已不再是唯一的召回基础。平台逐渐转向"意图识别"模型，判断一段内容是否与用户的查询意图高度匹配。这种"匹配"并非靠关键词堆叠，而是靠语义信号的整体组织能力。语义表达的目标，是帮助AI准确理解内容的"主旨+意图"。生成式AI平台的召回机制，已从传统关键词匹配转向"语义信号解构+场景对齐+意图判断"的全链路理解。所谓语义信号（semantic signals），指的是帮助AI"读懂你在说什么"的一系列文本与模态线索，它包括以下内容。

- 关键词锚点：主题词、行业术语、长尾表达。
- 语境组织：主谓结构清晰，段落围绕核心意图展开。
- 意图链条："是什么→为什么→怎么做"的三段式表达逻辑。
- 模态协同：图文一致、音画同步、数据佐证语义。

表4.3归纳了DeepSeek等AI平台重点识别的五类语义维度及其对应的表达策略。

表4.3　语义维度与AI识别关系

语义要素	AI识别价值	编写建议
关键词锚点	提升主题匹配概率	自然嵌入主题语句，避免堆砌
意图结构	构建完整语义图谱	使用"是什么-为什么-怎么做"逻辑
图文一致性	强化视觉模态与文本联动	添加ALT描述，图文并置
音画同步	保证视频内容的可语义对齐	必须配字幕，脚本结构与画面一致
数据支撑	提高可信度与深度评价	每张图表配解释段落，标明来源与结论

例如，用户搜索"AI在制造业的落地应用"，一篇高匹配内容应不仅展示关键词"AI""制造业"，更需展示"工艺优化""流程预测""智能质检"等行业语境下的细节关键词，并通过案例、视频或数据来支撑表达的"落地性"。语义表达不仅是选词造句，更是**构建多模态内容之间语义统一**的过程：图像要表达文字所述，视频要体现文本逻辑，图表要验证文中的观点。只有这样，内容才具备GEO的语义完整性。

4.2.2 结构化表达体系：构建机器可解析的内容逻辑

当内容进入生成式AI主导的分发系统时，评价其价值的首要标准，不再是"写得好不好看"，而是"机器能否看懂"。换言之，内容要想获得推荐机会，首先必须具备清晰、可识别、可切片的结构，这就是结构化表达体系的使命所在。

结构化表达，指的是将信息通过语义逻辑与技术标签标注出来，使AI能够理解其内容主题、信息层级与意图导向。它不是美化排版的技巧，而是构建内容"被机器解析"的底层路径。结构的缺失或混乱，会让平台"看不到重点"，从而直接影响召回率、排序分与推荐链的进入资格。

在GEO实战中，结构化体系应被理解为一个分层逻辑系统，既包括页面内部的语义组织，也包括跨平台内容的一致表达。我们将其划分为两个维度——内部结构层与外部结构层。

（1）内部结构层：页面级的可解析表达主干

内部结构是AI识别一篇内容的主题和主线的起点。一个结构合理的页面，必须首先具备逻辑分明的标题体系。H1～H6等语义标签并非仅为"样式美观"而存在，而是告诉AI：这段文本处于什么语义层级，承担什么信息作用。AI通过标签层次判断结构，通过段落间的过渡词识别逻辑推进。因此，每一段文字都应围绕单一主题展开，避免话题混杂、语义模糊。

其次，结构化表达还需要通过"信息元数据"的方式，对页面元素进行模块级的说明。这包括采用schema.org中的标准内容标注（如FAQ、HowTo、product等），为AI提供模块的上下文意义；也包括为图像配上ALT文字、为视频添加字幕和摘要文案、在页面中嵌入Last-modified更新时间。这些操作在人眼中可能是"边角处理"，但对AI来说，它们是判断内容类型、主旨、时间属性的关键锚点。

此外，页面之间也需要通过内部链接建立起语义连通关系。相关内容推荐、延伸阅读、锚文本链接，不仅服务于用户跳转路径，也有助于AI构建"主题集群"模型，即同一话题下的内容聚合体。这是支撑GEO中"语义联想推荐"功能的技术基础。

在表4.4中，我们系统地梳理了五种常见的结构化表达方式及其对应的AI识别价值，供内容团队在策划与编写时参考应用。

表4.4 结构化表达方式与AI索引效率的关系

结构方式	示例	AI识别价值
H标签结构	H1～H3标题层级划分	构建内容逻辑主线，便于AI分段读取
Schema标记	使用FAQ、HowTo、product等模块标记	快速识别内容类型与意图
ALT+命名规范	ALT="生成式AI流程图"，图名：geo-map.jpg	图像语义明确，增强图文语义配对
内部链接结构	段落中插入相关锚文本、推荐阅读链接	强化语义连通，建立主题集群结构
更新时间标记	设置lastModified标签	提升页面"内容新鲜度"评分

这些结构方式不是可选项，而是AI能否进入语义识别流程的"入场券"。尤其是在DeepSeek这类平台对"内容标签化程度"设有召回门槛的前提下，结构明确就是内容能否"被看到"的第一关。

（2）外部结构层：实现全网内容的语义一致性

结构化表达不仅限于页面本身，更要扩展到内容矩阵的多个发布终端与模态。这一层被称为"外部结构层"，是AI评估一个品牌语义稳定性与表达一致性的重要依据。

在生成式搜索平台的工作机制中，平台并不会只读取某一篇文章，而是会检索同一品牌、账号或话题下的全网内容片段，进行语义融合分析。如果同一内容在视频中表达一套逻辑，在图文中却换了标题和口径，在小红书上又走向了另一种风格，AI将难以建立信任链，召回评分自然会降低。

为此，本书提出了"三一致原则"作为跨平台结构一致性的基本标准。

● 模态一致，即同一内容在视频、图文、音频等不同模态中要围绕相同主旨展开，确保表达语义的一致性，避免信息偏离。

● 平台一致，意味着在官网、内容平台、社交媒体中，不同形式的表达要在核心关键词、标题结构、摘要描述上保持统一，避免让AI误判为多个主题。

● 时间一致，即更新频率与内容版本保持同步，不能在官网上显示"最新版"，而在社媒中仍使用旧逻辑，否则AI将对内容的时效性与权威性打折扣。

这三项标准，虽然在传统内容传播中可能被视为"运营层面的小问题"，但在GEO体系下，它们直接影响AI对品牌表达体系可信度与完整性的判断。

结构化，不再是内容"写得规整"的附加分，而是AI是否愿意"继续往下读"的前置条件。在缺乏结构化的情况下，所有内容只会沦为无效的素材碎片，无法完成索引、理解、召回与推荐的完整链路。

4.2.3 用户体验优化：提升AI对内容价值的信任

AI搜索平台对内容的推荐与排序，除了结构清晰与语义准确外，还极度依赖一个维度：用户行为信号。DeepSeek等平台不会因内容"看起来优秀"就自动推荐，它更关注内容上线后是否引发真实行为反应——点击是否积极，浏览是否深入，是否引发互动。这些行为数据共同构成AI的"信任评分体系"❶。

与传统平台不同，AI搜索平台在其聚合层（如智能摘要、知识卡片、多轮问答）中直接追踪行为数据，而非依赖外部网页。例如，当用户在DeepSeek中提出问题时，系统将从海量内容中生成回答或推荐列表。用户是否点击卡片、是否停留阅读、是否进一步提问或收藏，都会作为行为反馈输入推荐系统，用于下一轮排序决策。

因此，用户体验优化的目标已不再只是提升"可读性"，而是构建面向AI的"可推荐性"。优质体验意味着，用户愿意深入，AI就更愿意推荐。

围绕这个目标，企业在内容设计中应重点关注以下四个维度。

● 加载性能：确保内容在不同终端快速打开，图片、视频延迟加载，避免因卡顿导致高跳出率。

● 移动适配：所有内容模块都应采用响应式布局，适配不同屏幕尺寸和交互方式，特别是AI平台内嵌的阅读器。

● 沉浸体验：多模态内容协同呈现，信息清晰，模块切换自然，降低用户认知摩擦。

● 可访问性设计：包括图像ALT说明、色彩对比优化、字幕与标签补充，以提升平台对内容完整度的评分。

如表4.5所示，AI平台基于用户行为信号对内容建立信任评分模型。行为越丰富、路径越完整，内容获得的曝光优先级就越高。

表4.5 用户行为信号与AI推荐排序机制

信号类型	代表行为	AI平台作用机制
点击	是否点击卡片/摘要	判定兴趣强度，决定是否进入召回池
停留与滚动	阅读时长、是否浏览完整页面	测算内容吸引力，影响排序稳定性
互动反馈	点赞、评论、收藏、转发等	增强"可信度"标签，提升推荐权重
跳出	快速退出、无滚动、页面关闭	判定为无效内容，系统可能降权或替换
转化行为	咨询、跳转、注册、购买	标记内容为"高闭环价值"，在相关领域优先推荐

---

❶ DeepSeek RankLLM-2.7B默认阈值：CTR≥4.5%，有效停留≥18s，滚动深度≥60%，互动率≥1.2%；任一指标不达标，24h内降权30%。

企业在撰写品牌相关内容资讯时，不应只关注表达本身，还应主动设计"行为触发点"，如引导阅读下一篇、设置资料下载入口、在表格旁引导用户操作等。行为数据不是自发产生的，而是内容结构与用户路径共同作用的结果。

在GEO语境中，体验优化的目标是构建"行为闭环"，即让内容不仅被点击，还被使用，从而被持续推荐。体验决定流量的"厚度"，也决定内容能否真正成为平台的信任资产。

4.3　多模态内容的常见误区与应对策略

在与DeepSeek等AI搜索平台对接内容时，许多企业面临一个典型困扰：内容"看起来专业"，模态也"形式齐全"，但始终无法进入核心召回链路。其根本原因往往并非内容本身的质量问题，而是在结构逻辑、语义布局、体验设计等方面违背了AI解析机制的基本规则。本节围绕GEO实践中的三类高频失误进行拆解，并提供对应的优化策略。

4.3.1　内容语义割裂：跨平台表达不一致，AI无法形成认知闭环

在AI搜索平台建立品牌认知的过程中，内容的一致性比内容的丰富性更重要。然而，许多企业在内容布局上仍延续"平台中心化"模式，如官网以专业术语为主导，公众号偏重故事性，小红书以"图文种草"为主，而视频号则追求流量。不同平台说着不同的话，使用不同的关键词、案例、标题风格，缺乏统一的语义锚点。

对AI而言，这种内容割裂直接导致语义识别失败。DeepSeek等平台不会单独评价某一篇内容，而是通过跨模态、跨来源的语义联动判断一个品牌或主题是否"可信""一致"。如果平台抓取到的信息存在冲突，就会触发"语义不稳定"信号，降低整体召回优先级。

策略建议：企业应构建"内容中台"体系，并使用统一的关键词矩阵（模板如表4.6所示）。

表4.6 关键词矩阵空白模板

类型	示例值（AI防晒推荐）	空白字段
语义主轴	AI-driven personalized sunscreen	
场景词	summer / outdoor / sensitive skin	
长尾词	best spf algorithm	
禁用词	cheap	

将所有内容来源纳入统一规划，以"语义主轴"统领内容分发。确保各平台所发布的内容虽具风格差异，但核心结构、关键词表达、主题观点保持一致。内容创作前，可借助"语义蓝图"工具，先定义每个主题的关键词矩阵、用户意图场景与表达形式模板，实现从源头上的统一。表4.7是跨平台内容割裂的AI识别误判路径。

表4.7 跨平台内容割裂的AI识别误判路径

场景类型	平台表现	AI解析结果
关键词不一致	在官网上写"AI智能制造"，在社媒中写"机器视觉"	无法建立主题向量一致性
表达视角不同	视频主打"场景演示"，图文主打"原理机制"	缺乏模态对齐，难以推荐给特定语义请求
数据口径差异	不同平台引用的数据年份/样本不同	触发版本冲突，削弱可信权重

4.3.2 模态堆砌而非协同：内容语义断层，AI难以有效解析

当前不少企业认为"多模态内容"就是将图文、视频、图表"堆在一起"，以求丰富呈现形式。但在AI看来，模态的拼接远非协同。视频没有字幕，图像没有ALT说明，数据图表缺乏解释文字，这些"语义空窗"会造成平台无法理解各模态间的逻辑关系，从而误判为内容冗余或无关信息。

当内容缺乏统一的意图主线时，即便模态齐全，也无法形成完整的语义链。DeepSeek不会"欣赏"创意编排，它依赖语义连贯与结构统一来进行内容切片与意图重组。如果内容无法支持"是什么-为什么-怎么做"的完整表达路径，就无法参与语义召回。

策略建议： 构建"内容结构卡"作为内容生产与审核的统一模板；每一块内容都应包含主旨说明、核心论点图解、案例支撑、模态联动（视频-图文-表格-要点摘要）；通过这种模块化设计，实现不同模态的语义统一、表达互补。

表4.8展示了模态堆砌与模态协同的识别差异。

表4.8　模态堆砌与模态协同的识别差异

设计要素	模态堆砌内容表现	模态协同内容表现
视频结构	无字幕、剪辑无主题	有字幕、内容贴合文字与图表
图像表达	随机配图、无ALT说明	图片解释紧扣主题，有语义标注
图表模块	单纯呈现数据，无引导信息	配套结论/分析、上下文解释

4.3.3　忽视体验触点设计：行为信号缺失，内容失去"推荐资格"

如前文所述，AI搜索平台的内容排序机制，越来越依赖用户行为信号进行动态优化。如果内容页面加载缓慢、移动端排版混乱、缺乏明确的交互入口，即使语义与结构都符合要求，依然会因用户"用不下去"而被平台降权处理。

在DeepSeek等平台中，页面停留时长、跳出率、滚动深度、互动频次，均被用于内容"信任分数"的评估。内容本身可能并无硬伤，但如果用户无法产生行为反馈，平台就无法验证其价值，也就不会持续推荐。

策略建议： 企业应从用户浏览路径出发来设计内容体验，首先是对官网和自有平台进行性能优化，确保页面响应快速、流畅，例如接入CDN提升加载速度，压缩图片与视频文件，使内容在手机和电脑端都能顺畅访问；其次是在移动端场景中，坚持"移动优先"的原则，版式自适应不同屏幕，交互按钮便于手指点击，避免依赖桌面端的交互设计；最后是在站外平台（如公众号、短视频平台）构建"认知→理解→行动"的闭环，例如在图表后附加下载或预约入口，在视频末尾引导相关话题，在文章结尾嵌入FAQ或互动模块。实践显示，多模态内容的核心不在于数量堆积，而在于衔接与一致性：模态间信息一致、跨平台语义一致、用户体验与行为一致。总之，GEO的本质不是频繁发布内容，而是让内容形成协同。真正能被DeepSeek等平台持续召回与推荐的，是逻辑统一、结构清晰、能带来行为反馈的系统化内容，而不是零散拼接的信息。

本章核心结论

多模态内容不是"形式丰富"的加法，而是"语义对齐、结构清晰、行为可证"的系统工程。在AI主导分发的时代，只有当内容具备清晰结构、模态协同、统一语义和正向用户反馈，才能被AI理解、信任并持续推荐。真正的GEO，始于"让AI读懂你"。

第 5 章
向量数据库：
打造GEO的语义调度系统

5.1　为什么GEO离不开向量数据库

在人工智能时代，内容营销的竞争焦点已经从"写得好"变成了"被AI理解、调度并推荐"。企业想要在生成式搜索平台中被有效召回，不应再依赖关键词堆砌或页面标签，而是要依靠语义层级的精准匹配。这种"匹配"能力背后的底层结构，正是向量数据库。它为AI理解内容提供了"坐标系"，为调度提供了"存储池"，为推荐提供了"优先排序依据"。本节将从项目管理的视角帮助读者理解这个技术系统的本质及其在GEO中的战略角色，并明确企业在内容组织、团队协同与平台适配中的工作重心。

5.1.1　什么是向量数据库？它在GEO中承担了什么角色

向量数据库（vector database）是一种用于存储、管理和检索高维向量数据的系统，专为处理非结构化信息（如文本、图像、音频）而设计。相比传统数据库，它不仅查"关键词"，也查"意思"。在GEO中，向量数据库的作用可以概括为：它是AI的"内容调度中台"——你写过的内容，必须以"语义向量"的形式入库，AI才有可能看见你、引用你、推荐你。

（1）向量数据库与传统内容管理系统的根本差异

传统SEO时代，我们关注的内容如下。

- 页面结构是否清晰？
- 关键词是否设置合理？
- 内容是否被搜索引擎收录？

而在GEO时代，AI通过大模型"理解"用户意图，并通过向量数据库从海量语料中召回最匹配的内容。这种机制发生了本质性跃迁，如表5.1所示。

表5.1　GEO与传统SEO的机制差异对照

对比项目	传统SEO逻辑	GEO逻辑
核心机制	关键词匹配	意图理解与语义匹配
内容入口	网页抓取	向量入库与语义调度
排序依据	热度+标签	向量距离+可信表达+多路融合权重
可优化点	内容密度+标签结构	内容结构+嵌入逻辑+入库路径

（2）向量数据库的三大功能角色

在企业内容被生成式引擎调用的路径中，向量数据库扮演了表5.2中展示的三个核心角色。

表5.2　向量数据库在GEO内容调度流程中的核心角色

角色	功能描述	在GEO中的价值
语义存储器	将文本内容转化为向量并存储	内容得以"进入"AI语义系统
智能匹配器	快速检索与问题语义相近的内容	提高召回率与推荐精准度
调度优选器	支持排序机制选择最优回答候选	提升品牌内容的出场率与可信度

这一整套机制，从结构上打通了"你写的内容"到"AI选中你"的路径。

（3）AI推荐流程中向量数据库的具体位置

生成式引擎如DeepSeek、Kimi、文心一言，在接收到用户问题后，并不会直接从网页中找答案，而是经历一个"语义理解-语义匹配-生成输出"的过程，如图5.1所示。

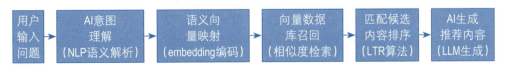

图5.1　向量数据库在生成式推荐流程中的作用位置

向量数据库在其中起到了"中台中枢"的作用。没有入库的内容，即便质量再高，也无法进入AI的生成路径。

（4）向量数据库的底层逻辑

向量数据库不仅依赖关键词作为辅助信号，还能够通过向量化表示与混合检索机制（如ColBERT、BM25+向量融合）相结合，从而显著提升语义搜索的效果。为了更清楚地理解向量数据库的匹配逻辑，我们引入了"语义距离"这个概念。

例如：

- 用户提问："家里有老人，买什么净水器？"
- 你的标题是：中老年人如何选择家用净水器？

虽然这两个文本之间没有完全重合的关键词，但AI系统会将它们转化为语义向量，然后计算两者之间的"语义距离"。在混合检索中，关键词可以作为触发召回的信号，而向量表示则可以更好地捕捉语义层面的相似度。语义距离越近，内容越可能被召回并推荐。

这正是向量匹配的核心力量：它不仅仅是字面对字面的匹配，而且是"意图对意图"的匹配。通过引入混合检索机制，向量数据库能够更准确地理解用户意图，从而提供更加符合需求的结果。

（5）为什么内容必须"结构清晰"才能进入向量数据库

向量数据库不是"抓网页"那么简单。它依赖的是内容结构明确、表达稳定的内容块，才能被正确地嵌入为向量。

常见可嵌入的结构包括以下内容。

- 段落清晰、有小标题的文章。
- 问答式FAQ（便于AI理解主题和解法）。
- 产品描述与功能说明配图（有利于多模态训练）。
- 视频脚本+字幕+口播文案（三模同步）。

若你的内容表达混乱、指代不清、主题不聚焦，即便上传了，也难以被嵌入为有效的向量。

（6）向量数据库不是"技术部门"的专属任务，而是内容团队的战略工具

许多企业误认为："向量数据库是技术部门的事，内容只要写就行。"这是GEO失败的常见原因。实际操作中：

- 内容团队负责组织语义、控制表达的一致性；

- 品牌负责人要明确调性，统一术语与核心词；
- 技术人员负责系统选型与嵌入流程的系统实现。

三个角色必须形成协同闭环：内容决定"能不能被理解"，品牌决定"是谁在说这话"，技术决定"系统能不能调用它"。

后续的5.2节将详解这三类角色如何分工协作，完成一个可被AI理解和调度的企业向量库系统。

┤ 小结 ├

内容被"看见"的逻辑，正在彻底改变过去我们拼内容密度、关键词设置和视觉呈现的做法。今天的核心竞争力，是能不能写出AI看得懂、能调度的内容块，并让它们稳定存在于平台的向量数据库中。向量数据库不是工程术语，而是内容分发权的新中枢。

5.1.2 知识图谱、多模态表达结构与向量数据库的协同关系

——三项底层技术协同构建AI理解的"内容路径"

GEO并不是简单的"AI推荐内容"，而是一个完整的信息理解和调用链路。这个链路由三大技术模块组成：知识图谱、多模态表达结构、向量数据库。三者的关系，类似于"内容要素的三次加工"：**结构化→向量化→调度化。**

企业在实际操作中常犯的误区是：以为只要"内容足够多""关键词埋得足"，AI自然会推荐。但事实正好相反——AI平台不看你写了多少，而看你是否完成了以下三步：

- 你说了什么（结构是否清晰）；
- 表达方式能否被AI识别；
- 内容是否被准确入库，是否方便调度。

这三个问题，正对应GEO中的三大底层技术。

（1）知识图谱：让AI知道你在说什么

知识图谱负责"定义内容结构"，是AI认知体系的起点。它将企业的核心概念、产品术语、服务分类，通过"实体-属性-关系"组织成网络结构，便于AI理解语义上的归属与连接。

> **示例：**
>
> "轻医美"→属于"无创抗衰"→关联"高频护肤"，若这些关系未被建构清晰，AI便难以理解你的核心领域。

（2）多模态表达结构：让AI能"听懂"你说话

即使你定义了内容结构，如果表达方式混乱，AI仍然无法识别。这就是多模态内容重构的重要性：图文、视频、语音等不同形式的内容，必须遵循一致的表达逻辑，让AI在不同通道中"感知一致"。

例如，一个产品介绍视频若缺乏字幕、口播中未提品牌、图像未设置ALT文本，AI很可能无法将其与你的品牌关联起来。

多模态向量化的技术细节：多模态向量化涉及跨模态的语义对齐，通常通过跨模态编码器（如BLIP-2）或联合嵌入空间（如ImageBind）来实现。这些技术能够有效地应对视觉和文本信息的融合挑战，确保图像、文本、视频等不同模态的内容能够在向量空间中对齐，从而提供一致的语义表达。

例如，图像和文本各自有不同的编码方式，文本通过BERT等模型生成向量，图像则通过CLIP等视觉模型生成向量。这些异构向量需要经过有效的融合与对齐，才能确保多模态内容在向量数据库中的一致性和可调度性。

（3）向量数据库：让AI在需要时"调得出"你的内容

知识图谱解决"结构"，多模态解决"表达"，但真正决定你是否"被看到"，在于你是否被嵌入向量数据库，成为AI能调度的一部分。

向量数据库负责将文本、图像、视频等内容转化为高维语义向量，并与用户的提问进行比对，完成推荐调度。它是AI内容调用的"语义指挥部"。没有入库，就无法被调用；嵌入不准，就无法匹配用户的意图。

为了帮助读者更直观地理解三大底层技术的逻辑关系，我们可以通过图5.2来了解。

AI理解路径是一套"链式结构"，环环相扣。知识图谱为AI构建"语义地图"，多模态让内容实现"语言统一"，向量数据库则提供"语义导航"与"路径调度"。只有这三者形成闭环，企业的内容才具备完整的"可被理解→可被调用"的能力。

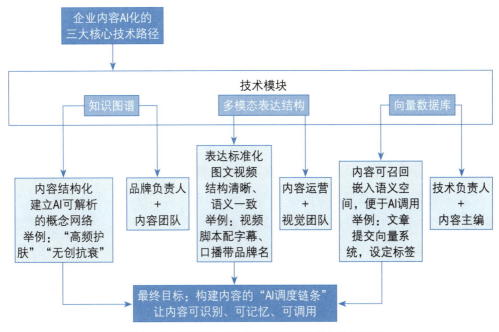

图5.2　企业GEO三大底层技术路径与岗位分工对照

内容的曝光率，不取决于你写了多少，而取决于你是否完成了"结构-表达-调度"三位一体的AI内容部署。

5.1.3 AI为什么不再看关键词，而是看"语义距离"

在传统的SEO时代，关键词是用户和内容之间的桥梁，只要你把"用户常搜的词"准确地埋在标题、正文、标签中，就有可能在搜索引擎中获得不错的曝光率。内容营销的世界，由此形成了一整套围绕"关键词布局"的写作逻辑：长尾词、密度控制、关键词标签……营销人对这些工具早已轻车熟路。

但进入GEO时代，这套方法正在迅速失效。AI不再是按字面抓词的"蜘蛛"，而是变成了理解上下文语义的"大脑"。它不再简单地比对关键词，而是去理解用户背后的真实意图，并判断哪篇内容在"语义上最贴近"这个问题，哪个表达"最值得被引用"。

这也解释了一个常见现象：许多企业宣传稿的数量不少，但在新一代搜索产品（如DeepSeek、文心一言、Kimi等）中依然"查无此人"。问题不在内容多少，而在于表达方式"离用户的问题太远"，无法被AI"抓住"。

（1）从"关键词"到"语义距离"：底层推荐逻辑的变化

AI推荐内容的方式，已经从"看你写了什么词"转变为"看你表达了什么意图"。这背后依赖的是一种全新的计算机制，叫作"语义距离"。

所谓"语义距离"，是指AI在向量空间中计算两个表达之间的语义相似度。可以将它想象成一张看不见的"语义地图"——用户的提问、每篇内容、每段描述，都会被映射成地图上的一个"点"。AI会像一个"计算机测距仪"，用它来判断哪篇内容的"点"距离问题的"点"最近，哪篇就会被优先召回。

距离越近，说明这篇内容的语义和用户关心的事更为接近；而距离越远，AI则认为"这篇内容可能不是用户想要的"，因此不会推荐给用户。

然而，在实际应用中，尤其是面对高维数据时，计算语义距离可能会遇到两个挑战。

● 维度灾难：当向量的维度非常高时，计算相似度变得更加复杂，可能导致相似度计算不准确。在高维空间中，数据点之间的差异会变得模糊，影响距离的判断。维度越高，向量距离的区分度越低，需降维或向量压缩。

● 领域漂移：通用的AI模型（如用于互联网搜索的模型）可能无法准确理解某些特定领域（例如医疗领域）的专业术语或语义。当AI处理这些领域的数据时，可能会产生误解。这时，模型需要通过领域微调（例如使用LoRA技术）或结合检索增强生成（RAG）的方法来确保它能够更好地处理特定领域的数据。

📄 **案例说明**

什么样的内容"距离近"？什么样的内容会被丢掉？

以用户在生成式搜索引擎中输入的问题为例："小红书账号怎么做涨粉策略？"

现在有两篇内容待选。

● A：《如何提升小红书笔记的点赞率与转化率》

● B：《内容运营的10个常见误区》

AI如何做推荐：AI不是看关键词，而是看"意图"。它会计算问题和内容的"语义距离"，也就是内容和问题的意义有多接近。

● A的内容讲的是如何提高"点赞"和"转化"，这些和"涨粉策略"的关系非常紧密。

● B讲的是"内容运营误区"，虽然相关，但不如A直接。

AI推荐： AI认为A的内容更相关，推荐给用户。

总结： AI根据问题和内容的"语义相似度"来决定推荐什么，而不是只看关键词。简单来说，内容的"意图"决定了推荐结果。

（2）GEO时代的新语言单位：关键词已死，意图词当立

为了帮助企业团队重构表达逻辑，本书首次提出一个重要概念：**意图词**（**intent word**）。

意图词=用户身份+使用场景+搜索意图

意图词不是"词"，而是一种完整的语义单元，是AI能读懂、愿意引用的内容表达方式。

相比关键词，意图词更完整、更具体，表达的是一个明确的"人+事+目标"的场景。

● "成都月收入1万元如何配置养老金？"
● "适合上海新晋家庭的房贷组合建议"
● "预算10万元以内的创业公司怎么搭建内容团队？"

这些表达不仅告诉了AI用户是谁、在什么情境下、想解决什么问题，还构建了一个清晰的"语义坐标点"。因此，它们更容易被大模型识别为"高价值内容"，也更容易获得推荐权重。

（3）语义距离机制详解：离得多远，就不再被调取

那么，AI是如何评估"语义远近"的？判断标准是什么？

在技术底层，AI会将每段内容转换为"语义向量"，也就是一串高维数字，这个过程叫作"向量化"。用户的问题也会被向量化，AI再计算两者之间的距离。距离的远近决定了你是否被推荐（表5.3）。

表5.3　语义距离与内容召回关系说明

语义距离	AI的判断	推荐结果
很近	"说的是同一个事"	✓优先调取
中等	"可能有关系，但不太明确"	□低权重备选
很远	"说的不是一回事"	✗直接剔除

> **📄 案例说明**

语义距离是怎么"调内容"的？

假设用户的问题是："上海35岁职场女性怎么规划养老金？"

现在有三段候选内容。

- A：《养老金的三大配置方式》
- B：《适合中年人的养老金规划指南》
- C：《如何为上海新中产女性定制养老金方案》

你会发现，只有C和问题的意图在"空间坐标"上的重合度最高，为什么？

- 用户的问题提到"上海、35岁、女性、职场、养老金"
- C回答中也提到了"上海、新中产女性、养老金方案"

这些关键要素的**语义结构和情境目标高度重合**，所以在向量空间中，它们的位置"很近"。而A虽然有"养老金"三个字，但没有人物、没有场景，距离远了，自然不会被调出来。这就是为什么关键词写对了也没用，你得写出AI能"定位"的语义结构。

┤ **小结** ├

你是否被推荐，取决于你是否靠近用户的"语义坐标"

在GEO中，内容是否被调取，已经不是拼谁写得多，而是拼"谁更懂用户表达背后的意图"。语义距离，是你和用户之间的"内容最短路径"。关键词是过去的语言，而"意图词+向量化表达"才是新的表达规则。管理者必须重新认识内容团队的工作重点：不是去"堆关键词"，而是去构建"被AI看懂"的语义坐标点。只有这样，内容才能真正进入向量数据库的调度系统，拥有出场机会。

5.1.4 什么是语义向量？语义向量：构建AI内容识别的语义坐标系

在生成式引擎主导的内容分发逻辑中，语义向量（semantic vector）是AI进行"内容理解"的通用语言。你所写的每段内容，AI都不会逐字阅读，而是将其转化为一串向量，映射到一个看不见的"语义空间"中。

这个语义空间就像一张巨大的地图。AI面对用户提问时，会首先计算"问题坐标"，然后在这张地图上寻找"距离最近的内容"，再决定是否调取。也就是说，内容的"语义坐标"是否与用户意图接近，直接决定了它能否被看见、被引用、被推荐。

（1）语义空间示意图：用户问什么，AI怎么调取

为了理解这个逻辑，我们可以看一个简化的语义空间示意图，如图5.3所示。

```
语义空间（二维简化视图）
语义空间Y轴（抽象程度）
↑
|● "苹果营养价值"
|● "香蕉健康功效"
|● "苹果手机发布会"
+----------------------→X轴（主题相关性）
```

图5.3　语义空间示意图（用户意图与内容向量的匹配路径）

当用户搜索"苹果的营养价值"时，AI会在语义空间中找到最接近该问题坐标的内容点。此时，"苹果营养价值"与"香蕉健康功效"位于同一区域，容易被召回；而"苹果手机发布会"虽然词面也有"苹果"，但由于语义坐标相距遥远，AI会直接剔除它。这就是"语义向量在发挥作用"，而非简单的词面识别。

（2）语义向量的三大特征：为什么它是内容调度的"身份证"

企业在制定GEO策略时，常误以为"内容写了、关键词埋了"，AI就会识别。其实，AI并不识字，它识的是语义向量坐标。表5.4中的三点特性，是构建高质量向量的关键特性，也是判断AI是否"认得出你"的依据。

表5.4　语义向量的核心特性及其在GEO中的作用

特性	内涵说明	GEO中的应用
距离可比性	相似内容在向量空间中距离近，AI可据此判断语义匹配度	决定是否优先调取（即能不能被"看到"）
表达可统一	同一概念在不同内容中以一致方式出现，向量结果更稳定	有助AI形成品牌"语义标签"，反复识别你的内容
跨形式兼容性	文本、图像、语音等皆可转为语义向量，共用坐标系	保证视频、图文、FAQ等多模态内容都可被识别

正如表5.4所示，内容表达的规范程度、品牌关键词是否统一、内容载体是否可转向文本，都影响向量质量。换言之，语义向量的好坏，不只是技术问题，更是内容团队日常执行力的体现。

（3）谁来构建语义向量？这是内容、品牌、技术三线协作

构建语义向量从来不是技术部门"单兵作战"的事情，而是一个需要跨职能配合的系统工程，如表5.5所示。内容要明确意图，品牌要统一语言，技术要打通上传链路，缺一不可。

表5.5　企业构建语义向量的职责分工

岗位角色	关键任务	对AI识别的影响
内容负责人	提炼主题意图、使用统一结构表达	提高语义清晰度、利于生成稳定向量
品牌负责人	定义关键词规范、统一品牌表达	形成"品牌语义锚点"，减少错引用
技术负责人	接入平台API、完成结构化上传与向量入库	保证内容"可被系统调用"，进入调度环节

考虑向量入库成本，中小企业可利用AutoML Embedding API或其他云服务来简化向量化工作流程。

如图5.4所示，从内容生成到平台调度，每一个环节都需协同发力。对于CMO、运营负责人来说，真正要掌握的不是算法，而是如何组织这三个环节——**把内容送到AI能看得见的位置上。**

图5.4　向量构建的企业协作机制

┤ 小结 ├

　　语义向量是GEO的"语义身份证"。它告诉AI：这段内容在讲什么，是否适合用户的问题，能不能调用。内容如果没有语义坐标，即使写得再好，也可能永远不会被推荐。理解向量，不是为了懂代码，而是为了确保你在组织中能搭建起"被AI看懂的通道"。你不需要写算法，但你必须知道——内容要能进得了"语义空间"。

5.2　如何构建企业的GEO向量数据库

5.2.1　向量数据库到底是怎么"建"出来的

GEO的逻辑中，内容写完并不是终点，而是语义旅程的起点。我们正从一个"写了就有用"的内容逻辑，转向"写完后能被AI抓住、理解、调用"的语义逻辑。

对AI来说，任何内容都必须通过"语义嵌入"后，才能进入它的向量数据库。这个数据库可以是平台的，也可以是企业自建的，但无论是哪一种，只有完成向量建库，AI才有能力在回答问题时召回相应的内容。

这一小节，我们要讲清楚这三个问题。

- 向量数据库是怎么"收录"内容的？
- 内容团队应该如何配合这个流程？
- 企业是否需要"自己建库"？判断标准是什么？

5.2.2　一篇文章被AI"记住"的过程

设想一位内容创作者在知乎上写下这样一篇文章：《适合30+敏感肌女性的抗老方案》。这是一篇结构清晰、语义聚焦、包含多个段落的小笔记。写完之后，这篇文章可能会被DeepSeek、通义千问、文心一言这类模型抓取、解析，并转化为一个语义向量。这个过程在表面上看不到，但平台内部会：

- 先将这篇文章切分成语义片段；
- 再用大模型将其嵌入为数字向量；
- 最后写入平台的向量数据库，等待调用。

从平台的角度看，这篇文章的意义已经不再是它的文字，而是它在一个多维语义坐标系中的位置。AI以后再遇到一个用户问题，比如"30+皮肤薄用什么护肤品"，就会在这个语义空间里寻找"距离最近"的内容——如果这篇文章恰好满足"距离近"的条件，它就会被调出来。我们将其称为：**结构化→嵌入→入库→调取**。

图5.5展示的是平台在处理自然语言内容时的通用流程。每一步背后都对应着 AI模型的语义判断逻辑。你看不到它在运行，但你可以"干预"它的结果。

图5.5　内容从撰写到向量入库的流程示意

5.2.3　内容团队在其中扮演怎样的角色

一个误区是：向量数据库的建立是技术团队的事。但事实上，决定内容是否能被成功嵌入的是写作方式和内容结构本身。很多内容"写了却没被调用"，不是因为平台抓不到，而是因为表达方式不符合语义模型的识别逻辑。

写得对，AI才能记住你。下面是内容写作中几个可控、可调整的关键点。

● 单一主题聚焦：一篇文章只回答一个问题，避免混写多个话题。

● 清晰结构表达：使用小标题、FAQ格式、有逻辑的段落，有利于平台切片。

● 统一用词规范：相同意思不混用多个表达（如"抗老""抗衰"），以免影响语义识别。

● 问题导向开头：以用户搜索意图作为开场句，更容易被AI理解为"可召回"的内容。

● 品牌身份可识别：有品牌名、机构名或署名，便于平台判断内容"来自谁"。

表5.6中的每一项都是内容团队可直接控制的。如果表达不清，向量嵌入的质量就会降低，进而影响推荐优先级。

表5.6　内容表达对向量嵌入的影响因素

内容维度	表达方式建议	AI影响路径
结构清晰	有小标题、有段落、有问答	有利于切片与向量生成
主题单一	不混话题，不跨产品或领域	避免语义漂移
语言统一	关键词表达一致，不混用术语	向量稳定性更高
品牌锚点	出处明确，有组织署名或产品绑定	增强调取时的品牌辨识度

5.2.4 借用平台还是自建库？要看你的业务目标

平台的大模型已经内置了向量数据库。如果企业只是在知乎、小红书做内容，那么可以依赖平台自动抓取，只要表达方式合格，大概率能被平台抓入数据库。

但如果你想实现以下目的。

● 在多个场景（私域、客服、问答）中反复调取企业知识。

● 控制语义表述与品牌逻辑。

● 确保AI不会误调竞品内容。

那么你就需要建立自己的向量数据库（表5.7），或至少将内容上传到平台的知识库接口（如百度的"智能体知识卡片"、DeepSeek的"PromptTools知识系统"）。对于大规模应用，企业自建库（如Milvus）需要考虑存储和计算资源的成本，尤其是百亿级向量的存储费用。推荐在QPS需求较低（<1000）时，优先考虑平台API（如Pinecone、Weaviate）以降低初期投资。

表5.7　不同向量数据库的策略适用性

使用方式	适合场景	特点与建议
借用平台库	公域内容、爆款传播	依赖平台逻辑，建议优化结构表达
上传平台知识库	企业内容、长期知识、专业口径	提高召回概率，建议定期更新
自建私有库	售前售后系统、大模型接入、品牌护航	控制权强、资源投入大，需配工程团队，需签订SLA并本地备份，防止平台策略变动导致数据不可访问

5.2.5 如何判断内容是否入库

这一步最容易被忽视。很多品牌花费大量资源制作内容，却不知道这些内容是否真正"被AI记住"。其实现在主流平台已经开始提供一定程度的可视化接口，可以检查"内容是否被语义调用"。

● 在百度文心智能体中，上传内容卡片后，可以查看是否在摘要、推荐中被引用。

● 在DeepSeek企业版后台，通过PromptTools上传文档后，可看到调用记录与语义匹配日志。

● 在阿里云通义千问中，企业可用智能体查看"图文调用记录"与内容脚本的命中频率。

● 如果企业自建向量系统（如FAISS或Milvus），则可部署可视化界面查看命中热图、距离匹配等数据。

这些接口能帮助内容团队反向追踪：什么样的内容被调了、调得多不多、调错了没有。

┤ 小结 ├

入库，才是真正的开始

在AI时代，内容不是写出来"给人看"的，而是写出来"给AI用"的。向量数据库就是这个"让AI用得上"的大脑，它可以是平台的，也可以是你的，但无论哪一种，只有完成从结构化到语义嵌入、从嵌入到入库、从入库到调用的流程，内容才具备真实的GEO调度能力。没有这个能力，内容就永远是"静态的"，你只能看运气；但一旦具备了语义调度能力，你的内容就能主动被AI找到、匹配、优先推荐，这才是GEO真正的"语义杠杆"。

5.3 企业不建向量数据库会发生什么

在GEO的体系下，向量数据库不仅是技术设施，更是**内容调度的核心**。企业是否主动建立向量数据库，决定了它能否在生成式AI环境中占据主动权。缺乏向量数据库的支持，意味着**内容无法持续、精准、稳定地被AI系统调取**，最终影响企业的曝光、流量以及品牌语义主权。

这一节将探讨，如果企业不建设自己的向量数据库，可能面临的几种风险和后果。这些后果不仅会影响流量，还可能对品牌形象、用户体验、竞争力产生深远的影响。

5.3.1 向量错调的三种场景：误读、误配与错引

缺乏向量数据库，企业内容就没有**稳定的语义标识**，这将导致AI对企业内容的理解和调用出现错误，出现以下三种常见误调场景。

（1）误读产品特性

如果没有向量数据库，AI可能会误将**同类产品的功能**归属于企业。例如，当企业的主打产品"无创抗衰"被调取时，AI可能误将其归类为"轻医美"产品，这会导致错误的用户匹配。

（2）错归属品牌事件

没有清晰的向量数据库，AI可能会把企业的正面内容与竞争对手的负面新闻混淆。例如，当用户搜索"××公司近期的产品活动"，AI可能把你与竞品的危机事件一同展示。

（3）错引内容来源

企业内容可能被误引用或与其他品牌内容混合，导致语义误导。没有向量化存储，AI无法准确归属，甚至错误链接至无关的第三方网站，影响品牌的信誉与信息的一致性。

5.3.2 内容流量被"抢占"——失去可控性

没有向量数据库支持的企业，一旦将内容发布到公共平台，就会变得不再可控。因为平台的AI模型在召回和排序过程中，完全由**平台算法控制**。

● 企业的内容可能被错排，因未优化语义锚点，导致召回效果低于竞品；

● 由于平台AI模型的语义权重评估标准不完全符合企业的策略，企业无法确保自己发布的内容能够被优先推荐；

● 甚至在某些情况下，AI会优先选择热点内容、竞品内容，从而减少企业内容的曝光机会。

> **示例：**
>
> 当用户搜索"适合30+女性的抗老方案"时，如果企业没有主动提交到平台的知识库，平台可能会选择与此话题相关的其他内容，甚至优先推荐竞争对手的内容，导致企业失去曝光机会。

5.3.3 品牌语义权重丧失——竞争者的"语义侵蚀"

不建立自己的向量数据库，还会导致品牌语义主权的丧失。平台的推荐系统是基于语义相似度和匹配度来排序的。如果竞争对手通过精准的SEO和内容策略掌控了AI模型的语义权重，企业的内容很可能被忽视，甚至与不相关的竞争对手混淆。

假设你经营的是一款"无创抗衰"产品，但没有在平台上上传相关的专业内容，并建立稳定的向量数据库，那么当用户搜索类似"抗衰老"相关问题时，竞争对手通过高质量的内容优化和语义系统，很可能会先于你被平台召回和推荐，导致品牌影响力下降。这种情况不仅影响流量，还可能给品牌带来误解。消费者看到的可能是错误或过时的内容，从而影响购买决策，甚至损害品牌的专业形象。同时，在选择平台知识库时，企业也应注意平台的知识库回收策略，建议与平台签订SLA协议，并保持本地备份，以确保数据的长期可用性和安全性。

5.3.4 企业如何避免这些风险？建立"语义调度系统"

向量数据库的建立，是解决这些问题的根本之道。企业需要明确：如果不自己建设向量数据库，最终的风险就是"内容无法控制，流量被竞争对手拿走"。因此，建立**私有向量数据库**，并定期更新内容的语义结构，能确保品牌在平台上有稳定的语义定位，**避免被竞争对手抢占语义权重**，同时确保平台模型能精准理解、调取品牌的核心价值。

操作建议如下。

● 主动上传内容至平台知识库：通过接口将优质内容提交至平台（如DeepSeek、百度文心一言的"企业知识库"）。

● 构建企业私有向量数据库：通过FAISS、Milvus等开源平台搭建自己的内容数据库，确保内容的长期可控性。

● 语义锚点与品牌标识：确保内容中有明确的品牌标识、锚点术语，使得平台AI能够快速识别并与品牌关联。

┤ 小结 ├

　　企业如果不建立自己的向量数据库，面临的风险不仅是"内容看不到"，更可能是"错误被调用、品牌信息失控"。通过主动管理向量数据库，企业能够确保自己的内容在AI模型中的位置，稳定提升流量，并为品牌争取更多的语义主权。

本章核心结论

　　在生成式搜索主导的信息环境中，品牌传播的重心已从"曝光"转向"如何被AI检索与调用"。真正决定企业能否赢得推荐与信任的，不是内容数量，而是你是否掌握了"语义向量"的构建权。

　　当危机发生时，不应仅依赖公关话术回应，而要通过结构化、嵌入化、可追溯的内容体系，在AI的语义空间中重新定义：你是谁？你说了什么？

　　关键词不再是武器，**语义向量才是护身符**。

　　GEO的终点，是构建AI眼中不可误读的"品牌向量锚点"。

　　（注：向量数据库为存储层，相对应的应用层为知识库）

做出AI愿推荐、
平台愿推送的内容

第 6 章

让AI推荐你：
新内容写法全解析

——写出AI愿意读、平台愿意推、用户愿意点的内容

从"写给人看"到"写给人+AI同时理解"：内容推荐机制正在改写

过去十几年，内容写作的主流范式以搜索引擎规则与平台分发机制为轴心。无论是SEO文章还是公关稿，其价值衡量通常取决于两个方面：关键词覆盖与渠道采纳。只要抓住热点词，内容合规，就有机会获得曝光、被转发并带来流量。

但这套规则正在悄悄发生变化。

以ChatGPT、Kimi、文心一言、豆包、DeepSeek为代表的新一代平台，逐步引入了生成式推荐系统。平台不再单纯依赖关键词或人工选择内容，而是通过AI理解语义、结构和意图，判断一篇文章的内容是否"值得推"，甚至是否能直接成为平台的答复素材。

这并不意味着传统写法已经彻底失效，而是意味着——仅靠旧逻辑，已经不足以应对内容推荐体系的进化。对企业营销、公关传播、内容运营来说，这是一场必须正视的写作范式转型：你不能只写"用户看得懂"的内容，而要写"AI也能看懂"的内容。

这正是GEO背后的核心逻辑。

6.1　写法变了：为什么SEO稿、公关稿现在不灵了

在GEO的实践中，很多从业者仍然习惯用旧逻辑创作内容——一套SEO关键词写法加上一些品牌包装，觉得只要"写得不错"，平台就应该愿意推荐。然而，这套过去在搜索引擎或传统媒体中有效的写作方式，正在AI驱动的信息分发体系中失效。

本节将深入讲清楚以下内容。

- 内容、写法发生了怎样的根本变化？
- 传统SEO稿、公关稿为什么会逐渐被"冷处理"？
- GEO内容到底和它们有什么本质区别？
- 实验数据如何证明GEO内容确实更容易获得推荐？

6.1.1 内容推荐逻辑彻底变了：从"写给人"到"写给人+AI"

以SEO为例，过去我们写一篇文章，围绕核心关键词布局结构、内链、H1～H3标签，争取出现在搜索结果前排。以公关稿为例，通过新闻媒体发布品牌动态，用写作技巧打动编辑或投资人。但现在，这个逻辑彻底失效了。用户看到内容的方式大多数不再是"主动搜索"，而是"被动推荐"。平台通过AI模型，根据用户兴趣画像、实时意图、内容质量等维度，自动完成匹配。**如果你写的是"给人看"的内容，但推荐它的是"AI"，AI看不懂，在AI系统里就推荐不了。**

6.1.2 传统SEO和PR写法正在失效：三大原因解析

（1）关键词堆砌被AI识别为"无效语义"

过去SEO逻辑中强调"关键词覆盖"，但现在大模型追求语义理解与意图判断。如果一篇文章的内容中密集重复关键词，而没有明确的结构，语义链条不清晰，就容易被判断为"信息稀薄"。

（2）PR稿的"品牌先行"语言模糊了用户的意图匹配

公关稿常见的问题是："我们举办了什么活动，发布了什么产品，取得了什么成就。"这些内容在AI眼里不具备明确的使用场景，也难以匹配具体用户的兴趣标签。

（3）内容结构混乱，AI提取不到核心信息

PR和SEO文章多采用大段陈述，没有小标题、列表、FAQ等结构提示，这直接导致AI模型提取不到"核心信息模块"，难以进行推荐和排序。

> **真实案例**
>
> 　　某科技企业发布新品，传统PR稿开头是"6月18日，某某公司在北京召开战略发布会……"
>
> 　　GEO视角下则改写为："如果你是企业HR，想快速搭建知识管理系统，这款平台上线后，能帮你降低70%的内容检索成本。"
>
> 　　两种写法，一种是品牌视角，一种是用户视角。只有后者能被平台模型精准识别为"与目标用户高度相关"的内容。

6.1.3 GEO内容到底要怎么写？

我们通过表6.1来快速对比三种内容类型的关键特征。

表6.1　SEO稿、公关稿与GEO稿的结构与适配对比

内容类型	核心目标	内容结构	AI可识别度	推荐机制适配度
SEO稿	搜索抓取	关键词堆叠+长尾布局	低	中（仅限搜索入口）
公关稿	品牌曝光	品牌语句+事件叙述	很低	低
GEO稿	AI推荐	结构清晰+语义聚焦+意图显性	高	高（适配推荐流）

GEO内容有四大核心要素。

● 结构化（structure）：内容应具备清晰的标题以指引主题，合理的分段以组织逻辑，必要的图表以辅助说明。

● 显性意图（purpose）：文章开头就告诉AI"我写这篇内容是为了什么"。

● 信息密度（information）：每个段落都有可提取的高价值实体信息，如功能、数据、对象、时间。

● 相关性（relevance）：围绕用户的语义场景展开，如"适合谁、解决什么问题、用在什么地方"。

6.1.4 实验数据对比：GEO内容推荐效果更好？

表6.2是一组平台实验数据的对比（数据源：平台运营团队调研结果+模拟测试）。GEO内容因其结构清晰、信息密度高、意图明确，更容易被AI模型抓取出"段落摘要""引用语块"，进而获得推荐引擎的优先排序。

表6.2 三类内容在AI推荐场景下的效果对比

内容类型	曝光量/万	停留时长/秒	平均点击率/%	被引用率	推荐得分（估算）
PR稿（传统公关稿）	2.4	13	0.9	低	★
SEO稿（搜索引擎优化内容）	5.1	21	1.8	低	★★
GEO稿（生成式引擎优化内容）	18.6	48	5.4	高	★★★★★

GEO写法带来的不只是流量的提升，更是：

- 被AI平台"理解"的能力；
- 被不同场景反复引用的机会；
- 用户实际行为数据的优化反馈。

┤ 小结 ├

内容要写给AI看，而不是只写给人看

从SEO到GEO，是一次内容结构与写作思维的全面升级。不是你写得好，AI就一定推荐你。而是你写得让AI"看得懂、抓得到、愿意推"，你才有机会出现在目标用户面前。关键词不是流量密码，结构+意图+信息才是。

在下一节，我们将拆解GEO内容的结构化写法模型，帮你打造"平台愿推、用户愿点"的内容骨架。

6.2 内容创作工具推荐：搭建你的AI时代内容生产线

——高效产出GEO内容，从选题、结构到多模态表达的全流程工具组合

在GEO体系中，内容创作不再是"凭感觉写稿"，而是一场基于结构、语义和平台适配的系统化输出过程。

这意味着内容生产必须以"平台识别"为第一性原则，用AI看得懂、能归类、愿意转发的结构来打底。这是一种从"写稿人"向"内容工程师"的角色转变：写作者必须理解平台推荐机制背后的结构化逻辑、语义模型偏好和多模态信号。这个变化意味着，内容营销、市场、PR、公关团队不能只依赖写作能力，而需要构建一整套"内容生产线"：从选题调研，到结构构建、图文增强、多模态生成，再到平台适配和发布监测。

6.2.1 写作角色转变：从"写稿人"到"内容工程师"

GEO的核心不在于用AI代替写作，而是用AI帮助我们理解内容在推荐系统里的工作方式：**AI会如何理解内容、如何判断结构、如何捕捉语义意图、如何决定是否推荐**。我们需要的工具，不仅仅是"能生成内容"，而是能辅助我们**优化结构、增强语义、预测推荐、测试效果、持续改进**的一整套生产能力。

GEO写作是一种工程逻辑。它要求内容具备：①明确的结构；②可被AI识别的语义逻辑；③高信息密度（非空话）；④可读性与推荐相关性。

表6.3总结了写作各阶段的核心能力与所需工具类型。

表6.3　GEO写作目标和工具类型

能力模块	目标	推荐工具类型
选题调研	找到用户关注、平台愿推的话题	热点监测工具、关键词分析平台
内容撰写	写出结构清晰、意图明确的内容	AI写作辅助工具、结构化写作模板
图表信息	强化数据表达与视觉锚点	图表生成工具、数据采集平台
多模态生成	图文、视频、语音协同	视频剪辑工具、语音播报工具
发布适配	满足平台推荐结构要求	内容管理后台、元字段配置工具

6.2.2 核心工具推荐：AI内容创作与优化的"GEO八件套"

以下是当前GEO实践中常用的八类工具及代表产品，其中涵盖了创作、优化、测试、分析等各个环节。

（1）ChatGPT（写作大脑）

● 定位：创意起草+多角度写作。

● 适合做什么：文章提纲、标题改写、段落扩写、FAQ生成、语气转换。

● 实用建议：写稿时用它生成3个写法，再人工挑选最符合AI推荐风格的版本，效率与质量兼顾。

（2）Frase.io/文心一言写作助手（意图对齐+内容提炼）

● 定位：为用户问题提供结构化答案。

● 适合做什么：围绕用户意图生成提问式段落，补齐"问题-解决方案"的逻辑。

● 实用建议：在GEO内容中插入类似"常见问题""用户如何做"等语块，提高内容被AI召回的概率。

（3）Clearscope/剑鱼优化（结构与语义优化）

● 定位：提升内容可读性、关键词覆盖度和语义完整性。

● 适合做什么：检测内容语言流畅度、关键词稀疏点、句式冗余等。

● 实用建议：发布前使用"内容诊断"功能，检查是否缺失重点信息块或意图表达不清。

（4）Perplexity.ai/Kimi.ai（用户视角校验）

● 定位：用AI模拟用户提问场景，校验你写的内容是否"答得好"。

● 适合做什么：以问题方式搜索你的内容主题，查看返回内容是否能覆盖核心问题。

● 实用建议：写完一篇内容后，用AI提几个"假想用户问题"，测试是否能从中找到你的答案。

（5）SurferSEO/5118（关键词语义域检测）

● 定位：结合AI理解与SEO逻辑进行关键词分析与语义扩展。

● 适合做什么：发现被推荐内容中的常用关键词及表达结构，补充长尾语义。

● 实用建议：不查搜索热度，而要查AI"高权重回答"中出现的关键词分布和词根。

GEO内容检查清单

导语部分

1 导语是否明确包含核心关键词或用户痛点 [ ] Yes [ ] No
问题

用户场景

2 是否清晰描绘了用户使用该内容的至少3 [ ] Yes [ ] No
个典型场景

FAQ设置

3 FAQ数量是否不少于10个,且能覆盖用户 [ ] Yes [ ] No
从认知到决策的全链路问题

4 每个FAQ是否都以用户视角提问,并准确 [ ] Yes [ ] No
匹配潜在搜索意图

schema 标注

5 是否正确添加schema标注,且字段完整 [ ] Yes [ ] No
(如产品页包含product类型、价格、评分)

数据与证据

6 是否引用至少两个权威数据来源或行业报 [ ] Yes [ ] No
告支撑内容观点

多模态融合

7 是否结合图文、视频、表格等至少两种多   [   ] Yes   [   ] No
    模态元素增强内容表达

个性化适配

8 内容风格和深度是否针对目标受众进行个   [   ] Yes   [   ] No
    性化调整（如专业vs.通俗）

行动指引

9 是否在内容结尾设置清晰的行动指引（如   [   ] Yes   [   ] No
    咨询按钮、链接）促进用户转化

整体完整性

10 内容是否逻辑连贯、无重大遗漏，能在3   [   ] Yes   [   ] No
    分钟内传递核心价值

以上检查项均可在3分钟内快速验证，帮助一线团队高效把控GEO内容质量，确保符合AI引擎优化要求，提升内容被信任、被信用、被推荐的概率。

（6）MarketMuse（语义覆盖评估）

- 定位：对比竞争内容，找出语义覆盖的缺口。

- 适合做什么：根据用户意图推荐你可能遗漏的相关话题或内容模块。

- 实用建议：适合用于打造"长内容"或"信息型权威内容"，补足维度，增强AI信任度。

（7）Kimi/通义千问（国产类Perplexity，用于内容验证）

- 定位：验证内容是否"真的有用"。

- 适合做什么：将内容贴入后，查看AI如何解读其核心价值、用途和使用场景。

- 实用建议：你也可以借助Kimi来辅助生成脚注、摘要、小红书话术或搜索推荐词。

（8）SEO.ai/微搭低代码工具（关键词逻辑建模+GEO组件化）或使用5118结构化写作助手（国内版）

- 定位：让你在写内容之前就知道该怎么写。

- 适合做什么：基于关键词+用户意图的写作模型搭建。

- 实用建议：批量构建"GEO结构模板"，实现内容规模化生产与区域定制分发。

6.2.3 GEO写作工作流：内容-结构-评估-反馈

表6.4是GEO写作工作流，打造了"内容-结构-评估-反馈"的AI内容生产闭环。

表6.4　GEO写作工作流

步骤	工具建议	目的
1.选题与提纲	ChatGPT+SEO.ai	明确用户意图+关键词语义范围
2.初稿生成	Frase.io/ChatGPT	快速产出多个结构化版本
3.内容优化	Clearscope+SurferSEO	优化可读性、提升关键词+语义覆盖
4.模拟校验	Kimi+Perplexity.ai	检查内容是否能真正"答对用户问题"
5.结构升级	MarketMuse/SEO.ai	加入缺失模块，提升语义完整性
6.预推测评	BingChat/Gemini	预估内容在AI语义引擎中的推荐表现
7.持续更新	Kimi/GPT-4	跟踪用户反馈，定期生成更新内容

6.2.4 国内内容平台的兼容性建议

在国内环境下，平台对内容结构与样式的识别能力尚不完全一致，可以遵循表6.5中的平台适配建议。

表6.5　国内内容平台适配内容要点及工具介绍

平台	适配工具	内容优化要点
百度搜索/文心一言	SEO.ai/ChatGPT	内容结构清晰、语义聚焦、移动端阅读友好
今日头条/抖音	通义千问/剑鱼优化	多模态内容协同（视频+文本）、标签优化
小红书	Frase.io/MarketMuse	强调实用性场景和标题情绪化表达
微信公众号	Kimi+GPT-4	结构可提取、图文穿插、问题导向明确

┤ 小结 ├

AI不会取代内容创作者，但AI一定会取代不用AI的内容创作者。GEO不是一套"技巧"，而是一套"系统"：你需要的不只是写作能力，而是一个支持你持续调试、分析、重构内容的完整工具生态。

下一节，我们将对平台推荐机制进行底层拆解：AI是如何"给内容排序"的？你的内容，如何挤进优先推荐名单？

6.3　内容排序逻辑：AI平台凭什么推荐你

6.3.1 推荐逻辑的演变：从关键词匹配到语义优选

过去，内容的推荐机制是以关键词为核心。平台主要依赖标题、标签、正文中的关键词来判断内容与用户搜索意图的相关性。这种方式构成了传统SEO的基础：谁掌握更多关键词，谁就有更高概率获得曝光。

然而进入AI驱动内容分发的时代，这种"关键词堆砌"的方式正逐渐失效。平台推荐机制发生了根本性的改变。

● 关键词→语义理解：不再仅仅识别词，而是理解句子、上下文、文章主旨与结构。

● 内容池随机抓取→优先调用结构清晰、语义明确的"答案型内容"。

● 点击指标→引用指标：平台更关注内容是否能被模型采纳，而非用户短期行为。

平台需要的是"能当答案"的内容，而非"能当广告"的文案。这也是GEO的根本立场：内容不是投放，而是参与内容生态，成为平台知识的一部分。

6.3.2 内容推荐机制的核心维度拆解

我们以DeepSeek、文心一言、Kimi等主流生成式平台为例，分析其内容推荐机制的底层逻辑。这些平台普遍采用基于语义建模、结构识别、引用行为等方式，决定哪些内容获得优先推送。

（1）语义相关度（semantic relevance）

平台的第一判断标准如下。

● 这篇文章的内容是否与用户的意图高度相关？

● 是否精准回答了用户的问题？

● 是否聚焦一个明确的主题？

● 是否使用了平台偏好的关键词组或问句结构？

> **示例：**
>
> 用户搜索"如何快速提高企业公关效率"，推荐系统更可能提取"带有操作步骤+真实案例+关键词齐备"的GEO内容，而非泛泛谈论PR价值的软文。

（2）内容结构完整性（structural clarity）

● 推荐系统会优先推荐"机器可解读"的内容。

● 是否包含清晰的小标题？

● 是否具备摘要、FAQ、清单等结构？

● 是否图文结合、模态清晰？

> **示例：**
>
> 结构越完整，平台越容易将其拆解为小卡片、摘要块、模块展示。

（3）引用率（citation index）

在生成式推荐中，一个新指标正在成为平台的核心判断依据：内容是否被AI引用或重写使用。

> **示例：**
>
> 一篇文章若能在AI生成的回答中被多次引用或重组加工，在AI的推荐与输出过程中就会获得更高的权重并优先展示。

（4）平台字段适配度（meta-tag compliance）

在提交内容时，平台会读取其meta字段（如内容意图、标签、行业分类、结构标记等）。内容是否完整填写了这些字段，关系到其能否被收录、归类、推荐。

6.3.3 推荐分数模拟模型

表6.6为一个简化的内容推荐评估模型，用于企业自评内容"平台友好度"。

表6.6　企业内容评估模型参考

评估维度	权重参考	得分项（示例）
语义相关度	35%	标题直击问题/关键词匹配/问句结构
结构清晰度	25%	H2～H3层级清楚/有清单FAQ模块
引用率	25%	是否被AI系统二次引用或改写
字段匹配度	15%	是否填写标签/分类/意图

✅ 内容推荐分数=∑（每项得分×权重）。

企业可以通过月度内容复盘，按此模型评估GEO内容生产质量，反向指导内容优化策略。

6.3.4 平台"推荐偏好"是如何演化的

虽然各平台都遵循类似的推荐逻辑框架，但在偏好与优先级上却存在细微差别，了解并适配这些差异，是GEO内容脱颖而出的关键。表6.7是当前国内主流AI平台的内容建议，我们可以在进行内容写作的时候作为参考。

表6.7　当前国内主流AI平台的内容建议

平台	推荐偏好倾向	内容建议
DeepSeek	问题导向+段落聚焦+专业语义	优先使用清晰小标题分段；善用"如何""为什么"问句开头；用逻辑递进串起每段内容；避免营销词堆砌
文心一言	卡片式结构+多模态融合	每一段尽量"块状化"；图片、数据图表辅助理解；结尾留"延伸阅读"或小结卡片以提升互动
Kimi	长内容摘要+学术引用+中文英文并存	强调知识权威性；内容可分为"定义+机制+趋势+建议"；引用数据来源，用逻辑结构说明"为什么"

平台偏好决定了内容的组织形态，也决定了平台是否愿意推送你写的内容。理解偏好、适配偏好是GEO写作的核心策略之一。

┤ 小结 ├

平台是否推荐你，不是因为你"写得多好"，而是因为你"写得平台愿意推"。GEO的本质不是写出更多，而是更懂平台的理解路径与内容评估规则。理解推荐系统，就是写作真正的"基本功"。

6.4　结构布局优化：让内容更像AI能读懂的答案

6.4.1 为什么结构比内容本身更重要

在AI驱动的内容推荐环境中，平台与大模型更偏好结构清晰、层级合理的内容。原因很简单：只有当内容具备清晰的"块状结构"与"信息层级"，平台才能准确地抓取摘要、拆解要点、组织卡片，甚至用于生成式问答中的引用。

换句话说，一段杂乱无章的好内容，平台可能读不懂；一段结构明确的普通内容，平台却可能频繁引用。GEO的核心逻辑之一就是：写给AI能识别的格式。

6.4.2 什么是AI友好的结构布局

在传统内容撰写中，结构常被视为"辅助形式"；而在生成式AI主导的分发语境下，结构已经成为决定内容能否被识别、拆解与推荐的核心标准。平台与模型在评估内容时，不再仅依赖关键词或文风进行判断，而是更重视其结构化程度与语义清晰度。

具体而言，具备以下特征的内容结构更容易被AI"看懂"并被优先推荐。

● 开头设有摘要或导语，能够清楚地交代文章所要解决的问题与阅读收益。

● 正文层级合理，使用清晰的二级与三级标题（如6.4.1、6.4.1.1），便于平台分段解析与语义归类。

● 内容单元围绕具体问题展开，形成"问题-解法-案例"的问答式闭环结构。

● 结构中嵌入清单、步骤图、FAQ、表格、时间轴等格式，有助于模型提取摘要块、生成要点卡片。

● 整篇文章具备清晰的节奏，每节开头都有引导语，结尾有总结或延伸，便于AI进行段落预测与内容重构。

示例：

结构模板：GEO型内容标准布局（表6.8）

表6.8　主流AI内容标准布局

内容模块	写作要点说明
标题	问题导向，突出搜索意图或实用目标
导语段	提炼背景、阅读收益与适用读者群体
主体段落（如6.4.2.1）	每节围绕一个关键问题展开
子结构段（如6.4.2.1.1）	展开方法、步骤、要点说明
附加结构	FAQ、案例、注意事项、推荐资源等支持模块

GEO结构模板应用范例

标题：

如何用内容打造品牌"被搜索力"：三步建立企业的GEO影响力

导语段：

在AI驱动搜索逐渐取代传统流量入口的时代，企业品牌的"可被搜索性"正在重塑传播格局。本文提出一套实战框架，帮助企业通过GEO内容建立搜索主权，打造结构化、易于AI推荐与用户引用的内容资产。

（1）为什么"被搜索力"是品牌竞争力的核心

- 从"被看见"到"被引用"：平台机制发生了变化。
- 在AI环境中，结构化内容更具推荐优势。

（2）三步构建企业GEO内容

- 第一步：识别行业高频搜索问题。
- 第二步：搭建AI友好的结构框架。
- 第三步：补齐字段、优化标签，适配平台推荐机制。

（3）推荐结构框架一览

内容写作结构框架如表6.9所示。

表6.9　内容写作结构框架

内容模块	核心要求
标题	问题导向、聚焦用户意图
导语	背景说明、价值主张、适用群体
主体结构	3段主干结构，每段支持嵌套层级
补充结构	图示、引用、FAQ、数据等

该模板适用于企业知识库、平台内容中心、知乎/Kimi/公众号等渠道的同步发布，具有高结构清晰度与平台适配性，利于提升内容被引用与多轮传播的潜力。

6.4.3 三种主流结构布局案例

（1）问题拆解型结构：适合实战、操作类内容

- 适配平台：DeepSeek/文心一言/Bing。
- 结构特征：开头抛出问题→中间依次拆解→结尾总结+引导。
- 关键词常见："如何""步骤""为什么""常见问题"等。

（2）框架讲解型结构：适合趋势、策略类内容

- 适配平台：Kimi/百度文库/微信公众号。
- 结构特征：提出一套模型或框架（如"4C模型""3步法"）。
- 按结构要点逐段展开，每段结构都应一致，逻辑递进。

（3）卡片型结构：适合多模态信息分发

- 适配平台：文心一言/小程序/视频图文平台。
- 结构特征：每段内容独立成块，可抽离为AI卡片使用。
- 配图清晰，模块短小，语言精准。

6.4.4 提升结构可识别性的三种技巧

- 用标准格式命名标题：避免使用模糊标题，如"前言""正文"；使用具有描述性的副标题，如"为什么GEO内容更容易被引用？"
- 每个段落开头都设置"问题句"或"总结句"，便于AI抓取段落主旨。
- 在段落结尾加小结、行动指引、内容延伸，提升"段内闭环性"，便于拆解使用。

> **┤ 小结 ├**
>
> GEO内容要在结构上"让AI看得懂"，这不仅是写作技巧，更是对推荐机制的适配。结构布局已不只是写作的"形式"，更是算法分发与内容曝光的"入口"。

6.5　多模态内容策略：图文、视频、语音如何协同发力

6.5.1　为什么单一媒介已无法满足AI推荐机制

在传统搜索和内容分发体系中，图文是主流载体，视频与音频则多被视为"辅助表达"。但随着生成式AI（如Kimi、文心一言、Gemini等）主导信息重组与答复生成，内容媒介的多样化已经成为提高推荐成功率与用户停留时长的关键因素。

AI模型不再"只读文字"，它们可以直接理解视频语义、语音意图，甚至可以将图表转换为文本摘要。对于GEO内容来说，这意味着如果内容仅以"图文"形式呈现，往往只能激活模型的一部分能力，而多模态内容则更容易激活模型。

● 覆盖不同用户的偏好：部分人偏好短视频讲解，部分人更习惯快速浏览结构化图表。

● 增加信息冗余通道：同一知识点以不同媒介重复呈现，更利于AI"理解"并准确分类。

● 显著提升内容在平台上的曝光质量，例如结构良好、配有图表的视频内容更容易被部分平台生成摘要卡片。

● 更容易生成可拆分的内容单元，用于AI助手的知识索引与引用。

6.5.2　多模态内容的基本结构与协同逻辑

在GEO中，多模态内容不仅指信息呈现形式的多样性，更强调不同媒介间的语义一致性与功能协作。有效的多模态策略，应以"表达协同"为原则，将图、文、音、像、表构建为一个可被AI识别、拆解、再利用的语义单元。

所谓"协同"，是指不同媒介在同一内容框架下相互补充、统一表达。比如，以文本为主干，讲清知识框架。

● 图像承载信息图、图示、示意图，辅助说明逻辑。

● 视频承担操作演示、流程展示、场景化演绎的功能。

● 音频承担口播总结、语义提示等轻量交互场景的任务。

● 表格承担数据支撑、逻辑梳理和权威引用的角色。

这些媒介之间需在信息层保持一致、表达层逻辑互补，最终形成一个被AI系统看作"统一内容体"的协同集合，而非互相割裂的冗余堆叠。

（1）图文模块

图文依旧是信息传达的基本形式，段落性阐述结合配图说明，有助于建立主题脉络。信息图、清单图、时间轴等图表型图像在结构提取中具有加分效果，适合用于摘要提炼、概念导入与结论小结。

（2）视频模块

视频在结构性分发中的作用显著。解说视频（图文脚本转视频）有利于AI提取要点并生成卡片化推荐；操作演示、场景对话类短视频则会增强用户的沉浸感，适用于讲解类内容的转制增强。

（3）音频模块

音频可作为阅读的补充渠道，例如文字转语音、播客形式的内容摘要等，适合在车载、通勤等场景中分发。对会议纪要、直播精华等原始音频内容，亦可通过语音识别转为文本并配以结构说明。

（4）结构化数据模块

表格、指标矩阵、内容清单等结构化信息如表6.10所示，能显著增强AI抓取字段与知识的关联能力，是构建"权威性"与"可信度"的核心模块。标准格式如CSV或HTMLTable标签输出，均利于机器识别。

表6.10　不同媒介类型在GEO中的作用对比

媒介类型	示例形式	AI识别方式	GEO加分点
图文模块	爆款长图、清单图解	OCR识别+文字抽取	支持摘要拆解与卡片展示
视频模块	图文脚本短视频、操作讲解	音画同步解析	可被AI转录、生成推荐语
音频模块	播客语音、语音讲解	实时转写+情绪分析	增强用户沉浸式体验
数据结构模块	表格、指标矩阵、引用块	字段提取+结构标注	建立权威感与可信度

┤ 小结 ├

　　随着AI模型理解能力的不断提升，内容的"单一表达"将不再具备优势，内容创作者必须具备"协同表达"的能力。通过图文、视频、语音与结构化数据的整合协同，GEO内容更容易被平台完整理解，被引用与推荐的频率更高，同时也更能贴合用户多场景、多偏好的消费习惯，实现"人机双适配"的理想传播状态。

　　下一节，我们将进入第6章的收尾内容：如何制定发布节奏、调整内容节奏、提升AI友好度，从而全面打通"创作-理解-分发"的"最后一公里"。

6.6　为GEO创建内容：写给AI理解也写给用户需要

　　在GEO逐步成为平台推荐主导机制的今天，内容的写作方式正在经历一场底层逻辑的转变。传统内容策略以服务人类读者与简单算法为主要目标，常常将重点放在关键词布局、页面结构、抓取路径等"对搜索引擎友好"的技巧上。然而，AI驱动的内容分发系统更关注语言的自然表达、语义的整体结构与用户意图的精准匹配。写作，不再只是写给"人"看的，更必须写给AI能"理解"的。

　　本节将系统梳理GEO语境下的内容创作逻辑，从结构到语言、从意图到可见性，为编辑、运营、品牌方提供一套可实践的方法论。

（1）语言的重构：内容需要对AI友好

　　AI驱动的搜索引擎并非简单地识别关键词或标签，而是模拟人类语义理解的过程，分析上下文、检测意图、提取段落关系、评估信息密度与权威性。这要求我们在内容的组织和表达上进行深度调整。

　　首先，写作不应仅围绕单一关键词展开。AI更加关注语境中的关联性，即内容是否充分展开主题，是否涵盖可能的用户追问或补充意图。这种"话题视角"的写作方式，将逐渐取代"关键词密度"视角。

　　其次，内容需要以自然语言表达为基础。语言应尽量口语化、对话式，避免过度专业化表达，除非目标读者明确为行业专家。使用清晰、简洁的语言，有助于AI模型提取内容的核心含义，也让用户更容易理解与判断内容的价值。

（2）明确意图：从"写我想说的"到"写用户想问的"

在AI模型中，"用户意图"是内容是否获得推荐的重要判断基础。这意味着创作者必须将"内容为何存在""解决什么问题"放在文章的开头，并持续强化这条主线。一个明确的意图声明，不仅让用户感到被理解，也帮助AI判断文章与用户查询之间的关联性。

好的GEO内容不再以"活动报道""品牌动态"作为出发点，而是转换成"使用场景""问题解决方案"。例如，一篇面向企业HR的产品介绍，应开门见山地说明其在员工学习或知识管理中的具体应用场景，而非简单地叙述产品上线时间或发布会现场的情况。

（3）内容覆盖深度：不要点到为止，要讲透讲全

AI驱动的引擎偏好"深而广"的内容，而非"轻且浅"的速食文字。高质量的内容应尽可能地提供完整的主题覆盖，包括基础背景、常见误区、使用建议、典型案例等内容。越是结构完备、逻辑自洽、细节充分的内容，越容易被模型评为"有价值答案源"，从而获得更高权重的推荐。

与之对应的是传统SEO写作中"为写而写"的内容扩展方式，如机械性地拓展长尾词，反复堆砌段落，这些在AI模型中常被判断为低质量"水文"。

（4）内容结构：为机器解析服务的设计

AI模型通过自然语言处理技术理解内容结构，因此，清晰的结构不仅对用户友好，也直接影响模型是否能"读懂"文章。建议采用如下几种结构方式。

- 使用分级标题（如H2/H3）标识各部分逻辑。
- 利用列表（如要点总结、步骤拆解）增强内容的可提取性。
- 加入问题导向小节或FAQ模块，以提升AI对语义关系的判断能力。
- 引入表格、信息图、数据引用等结构化内容元素，强化"可被引用"的信息单元。

结构清晰的内容更容易进入平台的"摘要提取模块"与"语义召回链路"，从而提升推荐权重。

（5）用户参与与可更新性：写完只是开始

内容发布后并不意味着创作的结束，GEO的逻辑强调持续优化与动态适应。

AI平台将用户互动（点击、停留、评论、转发等）作为内容价值的重要信号，因此在写作中应嵌入明确的参与引导，如"如果你正在寻找……""欢迎留言提问"等方式，以提高行为数据质量。此外，平台更偏好"新鲜内容"，即便是常青主题，也需定期更新标题，补充数据或修订表述，以保持与最新的搜索趋势一致。

同时，要重视"可更新结构"设计。例如，通过设立章节框架、编号模块，便于后期内容的快速补充或调整。这种结构化内容更适合进入AI模型的内容库，并被多次引用或调用。

（6）多模态内容与跨平台适应

AI引擎正越来越擅长理解和处理非文本信息。除了文本质量外，多模态协同也成为影响内容分发的关键因素。推荐在合适的内容中搭配以下元素。

- 图文并茂，配合简洁易懂的视觉说明。
- 音视频补充，用于解释复杂概念或增强体验。
- Alt文本与结构标签优化，确保图像信息也能被搜索引擎正确识别。

此外，内容还应考虑移动端加载体验与适配性能，避免长图、复杂排版等设计影响用户浏览与平台推荐。

（7）持续优化：数据驱动的内容运营

最后，GEO是一项持续运行的系统工程。建议使用相关内容分析工具，定期追踪每篇文章内容的表现，包括但不限于搜索召回率、推荐覆盖面、点击转化率、停留时长、被引用频次等。

依据这些数据，反馈优化策略，包括：

- 替换效果不佳的标题或摘要；
- 丰富弱信号段落；
- 调整结构或加入口语化表达；
- 引入更多意图关键词和语义场景。

结合AI工具（如Frase、MarketMuse、秘塔写作猫等），可实现内容策略的精细化迭代。

在AI驱动的分发逻辑全面取代人工推荐与搜索关键词权重的时代，内容的写作方式也必须发生转变。写得好，不等于推荐得高；写得让AI读得懂、结构清晰、意图明确，才是赢得平台推荐的基础。

内容创作者必须具备"双重读者意识"——既写给真实用户理解，也写给AI模型解析。唯有如此，内容才有可能在AI驱动的新内容生态中持续获得流量与价值认同。

彩蛋

彩蛋1：为方便一线团队立刻上手，本书加赠一张"GEO内容检查清单"——10个Yes/No快检项，3分钟验证导语、用户场景、FAQ数量、schema标注字段完整性等关键节点。

扫描二维码
获取更多内容

彩蛋2：手机扫描右侧二维码，即可下载"GEO结构模板+JSON-LD代码样例"，一键复用，让"写好"直接变成"写对"。

本章核心结论

在AI推荐时代，能让平台优先推、用户愿意点的内容必须同时满足"AI看得懂、抓得到、愿意推"的三重标准——既要结构化地表达意图，又要确保算法能够抓取，还要通过价值与互动驱动平台持续推荐。

第 7 章
地域GEO：
本地化内容的高效打法

为什么要做地域GEO？

在AI驱动的内容推荐新时代，地域化已成为内容精准触达和流量转化的关键要素。无论是市场营销人员、企业公关人员还是内容运营人员，都面临着一个核心挑战：如何让AI推荐系统精准地理解并响应不同地域用户的独特需求？

地域GEO的重要性主要体现在三个方面。

（1）用户行为和需求的地域差异明显

不同城市的用户在文化背景、语言表达、消费习惯和关注焦点上存在显著差异。比如北京用户更关注政策与财经，上海用户偏爱时尚和生活方式，成都用户则更热衷于美食与休闲娱乐。忽视这些差异，内容就难以"对味"，AI推荐的效果也会大打折扣。

（2）生成式引擎深度依赖地理信号实现个性化推荐

现代AI推荐系统基于LBS（地理位置服务）数据和多模态内容，能够实时捕捉用户所在地域的语境信息，自动调整内容曝光优先级。没有针对地域特征做优化的内容，在激烈竞争中往往被边缘化。

（3）地域化内容是抢占用户心智和市场份额的有效利器

企业通过细分地域市场，制定差异化内容策略，不仅提升了用户体验，更能构建品牌与用户之间的情感连接，实现流量和转化的双赢。

本章将系统梳理如何利用LBS数据与多模态内容融合，结合北京、上海、成都三大代表性城市的地域特征，提供实操策略和持续优化思路，帮助企业在AI时代抢占地域流量"C位"。

7.1　LBS数据与多模态内容的融合设计

7.1.1 LBS数据：定位精准流量的"数字地图"

LBS（基于位置的服务）数据，是地域GEO的基础，宛如营销人员手中的"数字地图"，指引你找到目标用户的确切位置。

比如，一个面向北京、上海、成都的连锁咖啡品牌，若仅凭传统用户画像进行投放，很可能忽略城市间的消费节奏差异：

- 北京"上班族"喜欢早晨在地铁口买咖啡，需求集中于工作日早高峰；
- 上海用户注重品牌和品质，偏好周末去特色咖啡店体验生活方式；
- 成都用户喜欢休闲慢生活，倾向于下午茶时段约朋友聊天。

通过LBS数据，品牌可以精准锁定不同城市甚至不同城区的用户活跃时间段和消费场景，实现"时间+空间"的精细运营[1]。

7.1.2 多模态内容：给地域注入"感官活力"

文字内容虽然基础，但在AI推荐时代，多模态内容（视频、图片、音频）才是打动用户的利器。

试想：

- 对北京用户推送一个简洁明快的短视频，展示品牌快节奏的便捷服务，配合现代感十足的都市背景；
- 上海用户收到的是精致的图文内容，强调咖啡的手工制作过程，搭配街头文艺风的照片，凸显品质与格调；
- 成都用户则体验到融入川剧变脸元素的趣味视频，配上地道的方言配音，让内容更有温度和亲切感。

这种多模态内容不仅满足不同城市用户的审美差异，还激活了用户的多重感官，提高了内容的推荐概率和转化力。

---

[1] 静态POI（门店坐标、商圈等级）+动态人流（手机信令、Wi-Fi探针），需同时接入高德/腾讯LBS大数据。

7.1.3 融合设计：让数据驱动内容"活"起来

融合设计的关键，是把LBS数据变成内容生产和分发的精准指令。

以某品牌为例：

● 基于LBS数据细分用户活跃区域，确定重点推广的街区和社区；

● 结合不同城市的文化特色和消费偏好，策划多套内容模板，如上海推品质生活，北京推便捷高效，成都推情感连接；

● 通过AI平台实时分析内容表现，动态调整视频长度、图片风格和文案表达，实现"内容因地制宜"；

● 监测用户反馈，结合LBS数据的最新变化，优化发布时间和分发渠道，形成闭环迭代。

这套流程就像精密的"内容制造厂"，每个环节都基于数据智能调整，确保品牌信息精准击中三地用户痛点。

┤ 小结 ├

    LBS数据是打开地域用户心门的"钥匙"，而多模态内容则是唤醒用户感官的"魔法"。两者结合，打造精准且有温度的地域GEO策略，不仅帮助品牌实现流量转化，也增强用户的品牌忠诚度。

7.2 三城对比：北京、上海、成都的 GEO策略差异

在GEO的世界里，地域不仅是地理坐标，更是用户文化、生活方式和消费习惯的综合体现。以一杯奶茶为例，如何在北京、上海、成都这三座代表性城市精准布局内容和流量，是检验地域GEO能力的重要"试金石"。

7.2.1 北京：追求效率与便捷的快节奏市场

北京用户的生活节奏快，对产品的便利性和时间效率有较高要求。奶茶品牌在北京的GEO，关键点在于突出"快速购买"和"多渠道获取"。

● 内容角度：重点强调门店地理位置的优势，比如地铁站出口、写字楼集中区；突出"扫码点单""外卖极速送达"等服务亮点。

● 多模态表现：采用短视频或快闪动图，展示"1分钟拿到手"的快捷体验，搭配轻快节奏的音乐，满足北京用户"快"的心理预期。

● 关键词策略：围绕"便捷""快速""上下班必喝"等高频搜索词做优化，提升内容在本地搜索和推荐中的权重。

7.2.2 上海：重视品质与生活方式的都市审美

上海用户讲究品质生活，对奶茶的"品味"和"品牌故事"尤为敏感。GEO策略需聚焦"品牌调性"和"文化共鸣"。

● 内容角度：强化奶茶原料的高品质，强调"手工调制""源自台湾正宗配方"，以及品牌与上海本地文化的结合。

● 多模态表现：推送精美图片和慢节奏视频，突出环境雅致的门店设计和消费者的优雅生活场景，配合轻柔爵士乐，唤起用户的情感共鸣。

● 关键词策略：围绕"高端奶茶""网红店推荐""下午茶打卡地"等词汇做内容布局，吸引讲究生活品质的上海用户。

7.2.3 成都：注重情感连接与休闲氛围的慢生活市场

成都用户更偏好休闲慢生活，奶茶消费场景多与朋友聚会、放松心情相关。GEO要着重"情感温度"和"文化特色"。

● 内容角度：强调门店的社交属性，如"好友聚会首选"，融入本地文化元素（如川剧、火锅文化的趣味结合）。

● 多模态表现：发布带有地方方言配音的趣味视频，或结合本地风光和特色活动的图文内容，营造"家乡味儿"和归属感。

● 关键词策略：着重使用"成都奶茶推荐""朋友聚会好去处""休闲慢生活"等词汇，吸引追求舒适生活的成都用户。

┤ 小结 ├

通过奶茶在三座城市的GEO对比，我们看到，同一产品在不同地域需要完全不同的内容策略和呈现形式。

- 北京强调效率与便捷，快速切中用户痛点。

- 上海注重品质与品牌故事，塑造高端生活形象。

- 成都倾向于情感共鸣与文化认同，打造社区归属感。

精准理解并应用这些地域差异，才能真正发挥GEO的威力，帮助品牌抢占本地市场，实现流量和转化的双赢。

下一节，我们将结合这些策略，展开一个具体的实战内容布局方案，带你一步步打造高效的地域GEO内容体系。

7.3 实战案例：如何针对北京、上海、成都用户做精准内容布局

在进行地域流量的GEO时，精准识别目标城市用户的需求和偏好，是内容策略成功的关键。针对北京、上海、成都这三座具有明显差异性的城市，品牌需要从用户画像出发，结合本地文化和消费习惯，制定差异化且贴合用户的内容方案。

首先，明确三地的用户画像非常重要。北京用户多为节奏快的白领阶层，追求高效便捷，尤其注重通勤路上的快速消费；上海用户更注重生活品质和品牌文化，倾向于在舒适的环境中享受产品；成都用户则更注重社交体验和慢生活氛围，喜欢与朋友分享美好时光。

基于这些差异，内容策略也需要相应调整。比如，北京的内容重点突出"快速购买"和"多场景便捷"，文案可以围绕"早高峰必备奶茶""地铁口快速取餐"等关键词设计，配合短视频和动图，帮助用户快速获取信息和操作指引。上海的内容则侧重讲述品牌故事和产品工艺，呈现手工调制过程、店铺环境等，利用高质量图片和深度视频来塑造品牌形象。成都的内容则强调地方文化和社交属性，采用带有地方方言的趣味视频、用户分享和互动内容，营造亲切感和社区氛围。

同时，多模态内容的运用也不可忽视。不同城市的用户偏好不同的内容呈现形式，精准匹配内容形态能大幅提升用户体验和转化效率。结合本地关键词布局，例如北京"地铁奶茶外卖"、上海"下午茶推荐"、成都"朋友聚会奶茶"，不仅能满足用户搜索需求，还能有效提升内容在AI推荐中的曝光率。

内容投放环节，则需借助各平台的地域定向功能，精准触达目标用户，并实时跟踪内容表现和用户反馈，动态调整内容策略。积极鼓励本地用户生成内容（UGC），扩大口碑影响力，同时关注竞争对手的动态，保持内容的差异化和竞争力。

内容示例

北京

- 文案示例："上班路上，快速来一杯地铁口热卖奶茶，解锁早高峰好心情！"
- 内容形式：短视频+动图，突出便捷的购买流程和快速出杯。
- 关键词："北京快取奶茶""地铁奶茶推荐"。

上海

- 文案示例："手工调制，每一杯奶茶都讲述着上海的品质生活故事。"
- 内容形式：高质感图片+品牌故事短片，展示制作细节和店铺氛围。
- 关键词："上海手工奶茶""上海下午茶"。

成都

- 文案示例："和三五好友相聚，享受这杯带着成都味道的奶茶慢时光。"
- 内容形式：带方言配音的趣味视频+用户分享，营造社交氛围。
- 关键词："成都奶茶聚会""成都慢生活奶茶""巴适奶茶""耍朋友好去处"。

通过以上针对性内容布局，品牌能够实现精准触达与高效转化，真正发挥地域GEO的价值，抢占本地市场流量。表7.1展示了地域GEO监测明细。

表7.1 地域GEO监测明细

监测维度	指标名称	监测频率	数据来源	备注
曝光与流量	内容曝光量	每日	平台后台	按城市分别统计
	点击率（CTR）	每日	平台后台	反映内容吸引力
用户行为	用户停留时长	每日	平台分析工具	评估内容黏性
	转化率	每周	CRM/电商系统	购买、注册等关键转化动作
用户互动	评论数	每日	平台后台	反映用户参与度
	点赞与分享数	每日	平台后台	社交传播效果
用户反馈	关键词提取	每周	NLU分析工具	挖掘本地用户关注点
竞争分析	竞品内容表现	每周	市场调研工具	监控竞争对手地域内容策略
活动响应	节假日互动增量	节假日前后	平台后台	活动策划效果评估

7.4 多城市分店的规模化GEO：统一内容与地域特色的协同策略

面对拥有30个甚至更多分店的企业，单纯对每个城市做完全差异化的GEO，成本高且难以持续。为此，推荐采用"统一内容＋地域特色"双轨策略，实现规模化与精准化的平衡。

（1）统一内容框架

设计一套覆盖所有城市的核心内容，包括品牌介绍、产品卖点、服务保障、常见问题等，确保品牌形象和信息一致，满足基础认知需求。

（2）地域特色模块

提炼各城市独有的文化元素、消费偏好、当地活动、热门产品和用户评价，形成可插拔的差异化内容，增强与本地用户的共鸣感。

（3）模板化内容生产

将统一内容和地域特色拆解成模块，形成内容模板，通过AI写作辅助工具快速生成各城市版本，降低人工成本，提高产出效率。

AI提示词模板｜一键生成本地化内容

角色设定

你是一名熟悉{城市}本地文化的资深营销文案，擅长用{方言/语调}表达，目标人群是{人群标签}。

任务要求

1. 用一句话标题直击{城市}用户痛点（≤20字，含emoji）。

2. 写一段60字场景化导语，嵌入本地地标或习俗。

3. 列出3条产品卖点，每条≤15字。

4. 结尾加一句带方言的Call-to-Action。

变量占位

城市={北京|上海|成都}

人群标签={通勤白领|品质生活家|休闲玩家}

方言/语调={京腔|沪上软语|川味川普}

地标或习俗={国贸地铁口|武康路梧桐|宽窄巷子盖碗茶}

示例输出（成都）

「耍朋友必喝！」

宽窄巷子盖碗茶旁，一口川味鲜奶茶，巴适得板！

• 手炒黑糖珍珠

• 0植脂末轻负担

• 方言点单更有趣

喝完去隔壁看变脸，走起！

（4）分层管理与持续优化

按城市重要度分层管理，重点城市深度定制，次要城市侧重核心内容。利用平台数据和NLU工具持续监测用户反馈，调整地域特色内容，动态优化。

通过这种方法，企业既保证了品牌调性一致，又实现了多城精准推荐，显著提升了GEO优化的规模效益与用户体验。

本章核心结论

本章围绕地域流量的GEO展开，重点解决了如何结合LBS数据与多模态内容，精准覆盖不同城市用户的问题。通过对北京、上海、成都三城的差异化策略进行剖析，深入探讨了地域文化、语言符号与用户行为对内容布局的影响。实战方法部分提供了具体的操作路径，从关键词挖掘、内容定制到多模态素材融合，确保企业能有效抢占目标城市的AI推荐"C位"。最后，针对多城市分店的规模化挑战，提出了统一内容与地域特色协同的创新方案，帮助企业实现成本与效果的最佳平衡。想让AI把内容推给上海人而不是成都人，秘诀只有一句："**把店的位置、用户想看的内容形式和当地文化三件事对上号，然后一键复制到其他城市。**"

五大行业的
GEO破局战

在前七章中，我们系统地阐述了GEO的逻辑背景、技术趋势与内容策略模型。从本篇起，我们将进入对五大重点行业的实战拆解。为了确保全书术语统一、操作逻辑清晰，我们在此对关键术语与核心系统架构做统一说明。

核心术语：关键词已死，意图词当立

在传统SEO时代，关键词（keyword）是用户与内容之间的连接桥梁。然而，进入生成式AI时代，用户表达方式从"**词语输入**"转向"**意图表达**"，传统关键词匹配机制已无法满足GEO的语义识别需求。

因此，本书提出了"**意图词**（intent word）"这个术语，作为GEO中的基础认知单位。**意图词=用户身份+使用场景+搜索意图**，它是一种以"语义完整场景"呈现的表达方式，能够被AI模型识别、生成内容并优先推荐。例如：

- "适合上海新晋家庭的房贷组合建议"；
- "成都月收入1万元如何配置养老金"；
- "B2B企业获客白皮书怎么写更容易被AI引用"。

在本书后续所有行业实战中，意图词将作为GEO策略设计、内容生成、投喂优化和效果评估的基础单位贯穿始终。

GUIDE系统：AI内容优化五步导航框架

本书提出了一套完整的GEO落地方法论——GUIDE系统，用于指导企业如何在AI时代构建可被优先推荐的内容体系。

GUIDE=gather→unify→issue→deliver→ensure

- G→gather：收集用户数据，构建用户画像与意图识别。
- U→unify：整合企业可信内容源，形成结构化权威支撑。
- I→issue：基于意图词生成多模态内容，适配AI平台语义识别。
- D→deliver：将内容精准推送至AI问答、AI工具等平台。
- E→ensure：风控与合规闭环，确保内容可持续、安全、高质量。

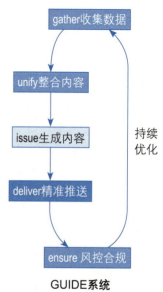

GUIDE系统

"GUIDE"本身是"引导、导航"之意，也正好代表内容在AI平台中不断优化与上榜的全过程。

在实际项目中，我们将这套系统流程结构归纳如下。

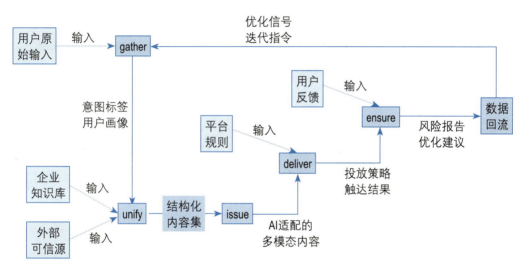

GUIDE系统流程结构

自本篇起，行业实战部分将以"意图词"为设计起点，以"GUIDE系统"为落地工具，带领读者完成金融、B2B、快消、教育、医疗五大行业的GEO闭环演练。

第 8 章
金融行业：
合规与精准决策的GEO破局

金融行业的GEO，不只是流量竞争，更关乎内容合规、语义风险控制与客户转化。

本章依据本书提出的GUIDE系统方法论——gather（用户画像）、unify（可信整合）、issue（意图生成）、deliver（精准推荐）、ensure（合规与舆情风控），重新构建金融场景下的内容生成与分发路径。

在AI平台语境中，传统的"关键词"策略已不再有效，取而代之的是"意图词"——融合了用户身份、行为场景与搜索需求的语义单位，是生成式内容理解与推荐的关键锚点。为便于读者理解，本章特别结合DeepSeek平台的语义偏好、结构推荐机制与风险过滤标准，进行逐模块解析。本章全部策略与案例，均对应GUIDE系统五步闭环。

8.1 用户画像与意图识别（gather）

金融行业用户具有显著的行为分层、风险偏好和地域差异，第一步即通过多维画像构建清晰的内容输入端。通过综合分析收入水平、家庭结构、财务目标、风险等级、地域归属与搜索记录，建立完整的用户画像。再基于语义向量模型与标签共现频率，提取如**"中年+成都+低风险+子女教育"**这类意图词组合，构成意图识别矩阵。在此基础上，通过聚类模型挖掘出"避险理财""财富传承""高频交易"等具有高潜价值的主题群组。

同时，需注意不同平台用户语义表达存在偏差。例如，在DeepSeek上用户更倾向于使用"问题导向+背景信息"提问，如"我在成都工作，年收入20万元，适合投资哪类低风险理财产品？"此类表达比搜索引擎更具个性化、可结构化的特征，GEO系统应对此类意图进行深度建模整合，形成"跨平台语义融合画像"，如表8.1所示。

表8.1　画像-意图词-平台适配关系表

画像维度	意图词示例	提问句结构	平台适配度（DeepSeek）
年龄+收入	成都+中产	"适合我的理财方式有哪些？"	☆☆☆☆☆
城市+家庭	广州+二孩家庭	"如何做教育金储备？"	☆☆☆☆☆

8.2　风控与合规双重考量下的内容策略

在金融行业中，GEO的应用不仅是内容效率的革新，更必须建立在严格的合规框架与风控体系之上。金融内容的发布涉及投资建议、敏感术语及用户数据的使用，因此，GEO策略必须在内容生成的全流程中嵌入合规控制与权威验证机制。

8.2.1　生成式内容创作的合规设计

在合规高压的金融行业，任何由AI生成的内容，都必须满足三重要求：符合法律规范，来源权威可查，表述客观真实。

● **合规风险提示嵌入**：AI必须内嵌合规风险提示模块，确保理财产品内容中清晰呈现投资等级、收益波动说明、是否为保本产品等信息，符合《中国人民银行金融消费者权益保护实施办法》的规定。示例：理财产品推荐需标注"市场有风险，投资需谨慎"及具体风险等级（R1～R5）。

● **禁止使用误导性语言**：内容中不得使用如"稳赚不赔""年化收益100%""唯一首选"等夸大表述，应遵循相关法规规定。合规替代：使用"历史收益仅供参考""可能存在本金损失的风险"等客观表述。

● **用户数据合规使用**：数据采集符合《中华人民共和国个人信息保护法》《中华人民共和国数据安全法》的相关条款，确保用户授权、用途合法、处理最小化。

这些机制应内置于AI生成模型之中，确保在内容"落笔之前"规避潜在违规风险。

8.2.2 权威知识绑定与可信内容生成（unify）

金融内容不能"凭空生成"，必须依托真实、可信的信息来源。GEO系统需与政府官网、券商研究所、财报公开数据、政策通报、学术研究报告、公开财报与基金产品说明书、金融术语数据库与知识图谱系统等权威信息源进行内容聚合，构建内容生成底座。系统在生成内容时嵌入标准化结构组件，如"产品说明+政策引用+专家语录"，并以金融知识图谱的方式提升语义理解深度。同时，每条内容需自动标注来源、风险提示、可信标签等，以辅助平台进行合规审核。

此外，应明确的金融类内容的"可信标签标准"如下。

● 来源可信：引用国家金融监管机构、主流财经媒体、银行/券商官网发布的信息。

● 术语标准：符合《金融术语规范》的表达，避免使用主观夸张的词语。

● 数据可证：所有收益率、评级等均应附带计算逻辑或公开来源。

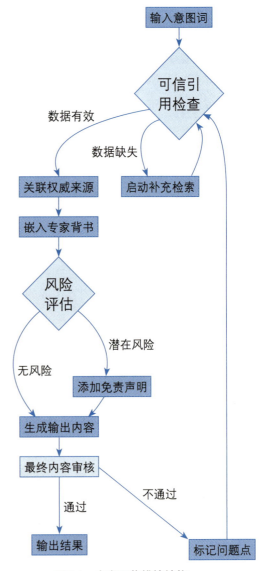

图8.1　内容可信模块结构

图8.1为内容可信模块结构，表8.2展示了内容合规标准的补充内容。

表8.2 内容合规标准补充

合规维度	核心要求	风险点	推荐规范
信息源合规	必须具有权威出处	虚构/无来源引用	使用财报、行业白皮书
表述合规	禁用"稳赚"等词汇	夸大/误导语	明示风险等级
数据合规	不得展示无依据数据	"年化30%"类断言	提供说明文档

8.2.3 多层级内容审核流程

GEO系统应构建一套"AI初审+合规模块嵌入+人工终审"的三级合规审核机制，以保障大规模内容输出的风险可控。

- AI初审：对生成的内容进行关键词过滤、逻辑结构扫描、术语合规判断。
- 合规模块：嵌入"风险提示模板""免责声明规范块"等标准组件。
- 人工终审：关键内容由合规专员把关，进行最终审核。

> 示例：
>
> 某银行使用AI生成理财文案后，接入合规审核模块，系统自动识别可能违规的表述并反馈修改建议，最终由人工确认是否可发布。

8.2.4 地域差异驱动下的本地化生成策略

金融产品具有明显的地域适配性。不同地区的投资偏好、政策环境、税收政策差异明显，因此GEO应按地域精细建模，实现内容的本地化。

（1）地域性差异与本地化内容生成

GEO能够利用用户的地理位置来分析其在不同地区的需求。例如，在某些地区，用户对高收益理财产品的需求较高；而在其他地区，用户可能更关注低风险的储蓄型产品。基于这些差异，GEO能够生成具有地域特色的金融产品推广内容。

（2）区域性需求建模

通过大数据分析，金融品牌可以识别不同地区用户的消费习惯、风险偏好和理财需求。例如，在经济发达的地区，用户可能倾向于购买股票型基金；而在其他经济相对落后的地区，储蓄型产品则更受欢迎。

（3）本地化内容生成

系统根据地域画像与用户意图词，生成符合本地监管要求、产品供给与行为偏好的个性化文案。如在上海强调资产配置理念，在三线城市强调"低门槛、安全性"。

8.2.5 意图驱动的内容结构生成（issue）

基于意图词生成结构清晰、可理解、可推荐的内容，示例如表8.3所示。标准结构建议采用"问题-背景-建议-风险提示"四段式，辅以多模态生成策略，为不同平台匹配文字、图解、视频等版本。同时在生成的内容中主动嵌入"用户可能追问"的问题路径，提升推荐黏性。以DeepSeek为例，其推荐更偏好具象地域、理财目标与明确风险标签的内容，而不偏好泛化、无背景的内容。该结构既方便平台识别推荐，也能提升内容的可读性与用户的信任度。

表8.3 意图词→内容结构化模板匹配示例

意图词组合	内容结构建议	推荐标题示例
深圳+中产+养老金	四段式（背景+建议+风险）	"35岁中产应如何布局养老金？"
成都+家庭+教育金	案例式叙述	"孩子8岁了，现在开始做教育金晚吗？"

8.2.6 精准分发与平台匹配机制（deliver）

内容生成后，需要基于平台机制进行精准推荐。例如，DeepSeek偏好问题驱动、结构明确的内容，建议以"问题+身份+建议+预警"四段式编写；规避极端表达，如"稳赚""爆雷"等。同时，为实现更高的命中率，需将意图词体系与平台"兴趣推荐系统"打通，如构建"用户画像→内容标签→平台推荐项"的闭环链路。DeepSeek分发清单示例如表8.4所示。

表8.4　DeepSeek分发清单

要素	推荐	禁忌
地域标签	✓成都、上海等明确地域	⊖模糊地理描述
表述规范	✓中性语义	⊖"稳赚""翻倍"等夸张表述
结构完整	✓四段式结构清晰	⊖单一结论缺乏建议与提示

内容上线后，平台的用户行为（点击、停留、收藏）将作为反馈输入GEO模型，进一步优化后续生成策略，形成"内容-分发-数据-优化"的闭环链路。

┤ 小结 ├

全流程梳理展示了金融GEO在生成内容、确保合规与分发落地等方面的完整路径。核心逻辑是：在合规红线内实现内容个性化、语义精细化与平台友好化，通过内容可信度与适配度的双重提升，完成从生成到转化的闭环运营。

8.3　案例：某银行如何用GEO提升AI内容引用率

8.3.1　背景介绍

某大型银行希望用AI提升高净值客户的资产配置体验与转化率。问题在于：人工顾问的覆盖范围有限，客户需求差异大。

问题定义：

- 高净值用户分布广、需求差异大，传统顾问服务难以覆盖；
- 内容推荐未精准匹配客户的风险等级与财务目标，导致转化率偏低；
- 缺乏对客户行为数据的整合利用，内容同质化严重。

8.3.2　实操路径详解

（1）gather（用户画像收集）

银行首先基于多渠道数据构建用户画像体系，涵盖收入、家庭结构、财务目标、地域归属、风险偏好等关键信息。画像不仅仅是基础属性的静态拼接，更是由意图词驱动的动态表达，如图8.2所示。例如，某一类"成都+中产+子女教育"客户群，其背后的行为轨迹与搜索语义共同指向"中低风险、长期稳健、教育储备"这个清晰的内容指引方向。

图8.2 用户画像生成模型结构

（2）unify（可信内容聚合）

内容生成所依赖的知识源包括：

- 监管机构政策解读（如银保监会最新政策）；
- 银行自研资产配置模型；
- 投研中心的产品评估报告；
- 税务地区政策数据（因地域差异影响产品推荐）。

这些内容经"可信标签"分类标记与语义标准化处理后，进入AI生成环节，实现内容来源"合法+可信"的双重保障。

（3）issue（结构化内容生成）

AI根据用户画像及意图词组合，生成内容框架为：

- 背景说明（识别用户当前的理财状态）；
- 投资建议（如"推荐70%稳健+30%成长型组合"）；
- 风险说明模板自动匹配（涵盖收益波动区间与是否保本）；
- 政策提示（税务优惠、限购政策等区域信息）。

> **示例：**
>
> 内容片段："根据您的风险等级'中'，建议配置如下资产组合：40%短期固收产品、30%平衡型基金、30%地区专项信托产品。预计年化收益范围为3.5%～6.2%，其中固收类保障本金……"

（4）deliver（平台分发与优化推荐）

系统完成内容生成后，需根据不同平台的语义结构、风格偏好及算法机制进行多维适配。以DeepSeek为例，该平台偏好结构明确、问题导向清晰、意图突出的内容表达，因此发布策略需重点聚焦"问题+背景+建议+风险"四段式呈现。

平台内容分发遵循以下流程：内容结构拆解→意图标签注入→平台语料适配→推送上线→用户反馈回流→自动调优迭代。

（5）DeepSeek（优化示例结构）

系统完成内容生成后，需根据不同平台的语义结构、风格偏好及算法机制进行多维适配。以DeepSeek为例，该平台偏好结构明确、问题导向清晰、意图突出的内容表达，因此发布策略需重点聚焦"问题+背景+建议+风险"四段式呈现。

- 问题引导："我在成都工作，三年后送孩子出国，有什么稳健型产品推荐？"
- 生成内容："建议以定期储蓄+子女教育金保险为主，附加税优理财产品……"
- 风险提示："本产品非保本型，历史收益不代表未来表现……"

此类结构不仅利于平台模型精准识别与推荐，还显著提升了用户在平台内的停留时长与互动意愿。

（6）ensure（风控与追踪机制）

在内容合规与风险控制方面，该银行构建了"AI预审+合规审核+人工审核兜底"的三层审核机制。

- AI预审模块：基于关键词与逻辑结构进行初步风险扫描。
- 合规审核：统一嵌入包括免责声明、合法性编号、风险提示语的内容组件。
- 人工审核兜底：风控人员对涉及高金额、高敏类产品的内容进行最终审批。

与此同时，平台对用户行为进行数据追踪与效果分析，形成完整的反馈闭环，用以优化下一轮内容生成策略。

内容分发与反馈闭环路径：内容生成→多平台投放→用户行为采集（点击/停留/跳转）→数据分析→内容策略调整。

8.3.3 实施效果与量化回报

本项目实施六周内，GEO系统在实际业务中呈现出显著效果，主要体现在以下三大维度。

（1）人群覆盖与AI平台表现

通过在DeepSeek等主流AI平台精准分发意图标签内容，系统累计覆盖23类高价值意图词集群，包括"中年+地区+子女教育""高净值+税优规划"等，并成功触达超过19.6万次用户意图问答场景，内容在AI平台被引用率达47.3%，极大提高了内容在模型中的活跃度。结构化内容新增示例如下。

- 建议模块（如"根据您当前的风险评分，推荐70%稳健+30%成长型产品组合"）。
- 风险说明模板自动匹配。
- 地区税收与理财政策差异提示。

（2）团队效率提升与资源再配置

通过结构化内容模板和AI生成工具嵌套投放流程，营销团队的内容制作时长平均减少了52%，同时顾问团队从内容初筛中解放出来，转而聚焦高净值客户的一对一服务。项目落地后，顾问主动干预场景减少了30%，但客户咨询量实现了增长，显示出内容推荐前置已有效承担引导教育职能。

（3）客户资产配置场景范围扩大

通过GEO，AI能够生成符合客户需求的资产配置推荐，特别是在高净值客户的资产管理中，生成个性化的投资组合建议。

- **基于数据的个性化推荐**：银行通过分析客户的财务状况、交易历史和投资目标，利用AI生成定制化的资产配置建议，帮助客户在理财决策中做出更加精准的选择。
- **增加客户的参与感**：GEO使得客户能在平台上看到与自身财务状况和风险承受能力高度匹配的投资方案，这不仅提高了客户的信任度，也大大提高了资产配置产品的转化率。

通过应用GEO，该银行的资产配置服务转化率在短期内显著提升。客户对银行提供的个性化投资建议表示高度认可，并通过平台进一步投资银行的其他金融产品。

┤ 小结 ├

借助GEO与GUIDE架构的闭环驱动，银行不仅实现了从"人工筛选"向"智能推荐"的效率跃迁，更在风险可控的基础上，建立起以用户意图为核心的资产配置内容引擎。该模式未来可向保险、基金、家族信托等高净值服务领域进一步复制推广。

8.4 数据敏感度与AI平台内容适配策略

8.4.1 数据脱敏与内容生成保障机制

- 内容生成前，对客户数据进行区间化、模糊化处理（如"30～40岁收入5万+"）。

- 使用本地部署的NLP模型，避免数据外泄风险。

- 生成内容带有水印与日志机制，确保数据使用可追踪和可溯源。

8.4.2 AI平台内容推荐与GEO落地机制分析

- 在AI问答平台（如DeepSeek、Kimi、腾讯元宝）中，金融内容需具备结构完整性、事实准确性及术语规范性，优先被模型引用。

- 推荐机制偏好具有"明确地域性+强意图+问题导向"的内容，如"成都适合月收入1万元家庭的理财方式"。

- 内容结构建议采用"问题-背景-建议-风险提示"四段式，便于AI拆分引用。

> **示例：**
>
> 　　某保险公司将产品推荐内容调整为结构化问答格式，并接入知识图谱后，其内容在DeepSeek和Kimi上的出现率提升了约47%。

8.4.3 数据隐私与合规性管理

由于金融行业涉及敏感数据，金融品牌在应用GEO时，必须严格遵守数据保护法的规定。生成式AI在处理用户数据时，必须通过合规的方式保障数据的隐私性和安全性。

- **数据脱敏与隐私保护**：生成式AI应通过数据脱敏和匿名化技术，确保用户的个人数据在生成内容时不被泄露。

- **合规性审查**：在生成金融广告内容时，AI需要嵌入合规性审查模块，确保生成的内容符合平台及金融监管机构的要求。

本章核心结论

GEO技术为金融行业提供了精准投放与个性化内容的工具，但同时对其合规性提出了更高要求。未来，金融品牌要在以下三方面取得突破：

- 构建从内容生产到合规审核的全链条机制；
- 实现跨平台内容风格与算法匹配的本地化运营能力；
- 在数据使用、语义生成、用户交互中全面植入"可信+合规+多样"的内容标准。

通过这些战略，金融机构才能真正实现"用户信任+平台推荐+监管认可"的三重胜利。

第 9 章
B2B企业：
决策链渗透与线索精准培育

在B2B营销中，如何有效地接触到决策者、影响者及使用者，并推动销售线索的精准培育，一直是企业面临的核心挑战。尤其在制造业、工业品、SaaS等典型的B2B场景中，客户的采购流程周期长、角色复杂、内容诉求各异，这对营销系统的响应能力提出了更高要求。

本章将通过"GUIDE系统"五步法，结合GEO方法论，阐释如何在B2B决策链中实现目标。

- 精准识别（who）：决策者、影响者、使用者。
- 意图穿透（what）：采购阶段+痛点洞察。
- 内容适配（how）：技术细节×商业语言协同表达。

核心目标是构建一套系统化、可落地、能被AI推荐并可直接带来销售转化的内容引擎，帮助B2B企业在多平台环境中形成全链路、可信赖、具交付力的内容体系。

9.1　B2B角色画像与意图词体系构建（gather）

内容是否有效，往往并不取决于表达本身，而是取决于是否被"对的人"在"对的时间"看到，并理解其价值。B2B营销的挑战不在于内容量的多寡，而在于角色多、需求异、流程长。因此，我们从以下三个维度入手。

（1）决策链三类角色剖析

在典型的B2B决策过程中，往往至少涉及表9.1中的三类关键人群。

表9.1 决策链不同角色的内容偏好与推荐形式

决策角色类型	核心意图词样例	内容偏好	推荐形式
决策者（CXO）	"数字化转型ROI分析"	战略趋势、投资回报	白皮书、趋势洞察
影响者（部门主管）	"ERP系统选型指标对比"	功能匹配、实施风险、横向对比	行业报告、案例访谈
使用者（一线工程师）	"PLC通信故障解决方案"	操作步骤、常见问题处理	FAQ、图文教程

只有同时覆盖这三类角色，B2B内容营销才可能穿透完整的采购链路，提升从认知到决策的转化效率。

（2）意图词分层策略与角色映射

意图词是将用户身份、使用场景、搜索意图三者融合的表达单元。B2B场景中的意图词，不再只是"关键词"，而是完整的问题情境：既要包含"做什么"，又要体现"为什么做"和"给谁做"。如图9.1所示，B2B采购决策中的**四层关键角色**及其对应的**GEO系统内容策略**，体现了从技术评估到最终决策的完整链条。通过GEO，需要为每层决策者提供**差异化内容**，最终推动决策者拍板。

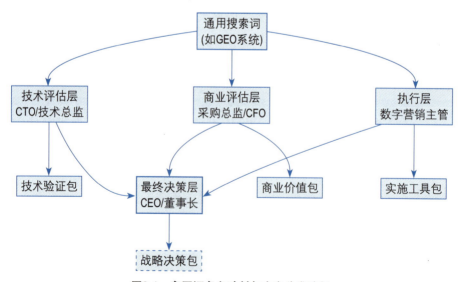

图9.1 意图词角色映射与内容分发路径

（3）AI驱动的行为识别与内容反推

通过AI工具分析知乎提问、LinkedIn讨论、官网热图行为、FAQ查询路径等数据，我们可以动态识别哪些话题/意图正在上升，哪些内容已失效。通过这种"语义-行为"的方式，可以实现用户需求的可视化和量化，为内容优先级排序和意图词动态管理提供底层依据。

借助AI客服和智能CRM记录用户提问、论坛互动、文档下载等行为，可实现意图词的自动生成并动态更新。例如，某机械企业通过AI客服捕捉的"PLC接口兼容性""模块替换周期"等意图词为其后续核心内容供给提供了反馈依据，实现了行为洞察与标签画像闭环。利用AI对话分析工具（如RAG+LLM）可以自动解析平台评论、问答和客服对话，从中识别出尚未被覆盖的"内容空白点"，并据此推动潜在意图词的扩展。例如，发现用户常问"推送费率计算逻辑"，即可将其纳入下阶段内容阵列。

9.2 构建持续安全可信的知识库（unify）

B2B内容体系中最为核心的资产——白皮书、行业报告与解决方案文档。这些内容不仅代表企业的专业水准，也是引导用户认知、驱动其购买行为的关键载体。GEO在此阶段的核心作用，是将内容从"静态表达"转化为"智能响应"，通过结构化、角色化、数据化的方式，构建可信且可复用的知识资产体系。

B2B内容的价值，不仅在于"写什么"，更在于"被谁信任"。在实际营销工作中，企业常常耗费大量资源撰写内容，却无法真正引发客户兴趣，核心问题就是内容结构、角色适配与传播方式失衡。

9.2.1 白皮书与行业报告等在B2B营销中的作用

在B2B营销中，白皮书和行业报告不仅是展示公司专业性的有效工具，还是潜在客户了解产品、了解公司解决方案的核心渠道。白皮书通常作为一种深度内容形式，帮助客户理解特定问题，并为客户提供解决方案；行业报告则基于数据和趋势分析，帮助客户在市场全局中找到定位。对于B2B企业而言，这些内容不

仅用于吸引潜在客户的注意，也为销售团队提供了精准的营销线索。

白皮书和行业报告的目标不仅是分享专业知识，更重要的是通过信息传递与客户建立信任，并引导他们进入销售漏斗。因此，如何通过GEO，确保这些内容能够精准触达潜在决策者和影响者，成为营销效果的关键。

构建内容体系的第一步，是厘清内容资产的用途与目标受众。内容不仅需要覆盖不同的职能角色，还应能服务于认知-比较-评估-决策等多个阶段。

我们将核心内容分为三类，每类内容对应不同的用户目标、决策阶段与交付手段，如表9.2所示。

表9.2　三类核心内容资产的应用场景与结构建议

内容类型	功能定位	适用角色	推荐内容结构
白皮书	建立专业权威	决策者	问题提出→解决框架→数据验证
解决方案	展示功能能力	影响者	应用场景→技术方案→案例复现
行业报告	提供市场洞察	CXO/分析师	趋势解读→数据趋势→战略建议

9.2.2 GEO在白皮书和行业报告中的应用

传统的白皮书和行业报告往往是基于经验和行业洞察撰写的，而通过GEO，企业可以基于生成式AI和大数据技术，对内容进行定制化创作，并实现精准的内容分发。GEO的核心目标是通过对用户需求和兴趣的深度理解，生成更具针对性和吸引力的内容。

（1）精准内容生成与客户画像

通过生成式AI，白皮书的主体内容可以根据客户的需求、痛点和行业背景自动生成定制化的内容模块。例如，对于医疗行业的客户，AI可以自动生成关于医疗设备新技术的定制化行业报告模块；而对于金融行业的客户，内容则可以聚焦于市场风险和投资趋势的定制化分析模块。

（2）用户体验驱动的智能内容分发

在GEO框架下，内容的分发不再是传统的"统一推送"，而是以用户体验为核心，基于用户行为、兴趣和所处生命周期阶段，动态决定"何时、何地、以何种形式"传达内容。通过生成式AI与行为数据分析，系统能够实时识别用户意图，并自动生成与其当前情境高度契合的行业内容。例如，当某位客户频繁浏览某类产品技术说明时，系统可判定其关注重点，并通过企业App通知、私域社群、CRM交互入口等场景，精准推送围绕该技术的行业洞察报告，极大地提升内容的相关性与转化效率。相比传统的标签群发模式，GEO实现了内容分发从"人找内容"向"内容找人"的根本转变。

（3）动态内容更新与智能洞察

行业报告和白皮书往往需要持续迭代以保持时效性。GEO可通过对实时市场数据、行业动态及用户反馈的持续监测，驱动内容的自动更新与再生成，确保报告始终保持专业性和前瞻性。同时，通过对内容阅读行为的智能分析，企业可进一步优化内容结构、调整推送策略，从而实现体验闭环的持续优化。

9.2.3 白皮书与行业报告的内容生成策略

在GEO框架下，白皮书与行业报告的内容生成不仅关注信息的完整性，更强调内容与用户需求、情境的实时匹配。生成式AI与用户数据分析共同作用，构建了一套"以用户体验为中心"的内容创作策略。

（1）以用户数据驱动的内容创作

GEO强调从用户行为、偏好、业务背景等多源数据中提取洞察，驱动报告内容的个性化生成。生成式AI可以整合企业积累的市场调研、竞品分析、客户反馈、行业趋势等信息，针对不同角色（如技术采购者、业务决策人）生成相应视角的内容，使报告更具针对性和专业深度。

（2）场景感知下的智能关键词重组

不同于传统SEO，GEO关注的是用户在特定场景下对内容的**感知与理解效率**。生成式AI可以结合用户画像与当前需求，自动选择并重组关键词与表述方式，在提升内容相关性的同时，也增强了用户的沉浸感与理解力。

（3）结构化与可交互的内容生成

通过生成式AI，报告可被动态生成为结构清晰、逻辑分明的形式，包括自动生成的目录、章节结构、图表元素和交互节点（如嵌入式问答、个性化推荐）。这不仅提升了阅读体验，也便于用户在不同场景（如移动端浏览、会议展示）中高效地获取信息，实现从"文档式阅读"向"体验式阅读"的升级。

9.2.4 FAQ知识库的重要性

FAQ并非简单的"问题列表"，而是基于用户真实决策链上的疑虑与障碍，构建出的"结构化信任引导系统"。一个优秀的B2B FAQ知识库，应能为不同角色提供各自需要的知识切片，从而让销售过程由"解释驱动"转为"知识自助"。

通过GEO，B2B企业能够实现更高的报告传播效果和更精准的客户引流。如某企业通过AI优化了白皮书内容，针对特定行业用户定制了数据驱动的报告，成功增加了50%的报告下载量，并提高了潜在客户的转化率。与此同时，随着内容的精准匹配，客户的需求反馈得到了及时响应，最终推动了销售机会的生成。

9.3　基于B2B意图词的内容生成策略

完成意图识别与内容资产整理之后，下一步是将意图词转化为企业可用的实际内容。对于B2B企业而言，这一步的关键，不是简单地"写内容"，而是围绕客户关心的问题，高效地生成多种内容形式，并确保这些内容既能满足不同角色的需求，也能被AI平台识别和引用。

本节将从以下三个方面展开内容生成的实战策略。

9.3.1 意图词如何转成实际内容

在B2B实战中，我们不会停留在"识别用户想要什么"这一步，更重要的是要把这些**意图**转化成企业能生产出来、能上线的内容。

比如用户的意图词是：

- "制造业企业如何评估SaaS系统的部署成本"；
- "B2B企业如何写一份能被AI引用的白皮书"；
- "适合中型企业的GEO落地方案模板"。

面对这样的意图，我们不只是生成一篇通稿，而是围绕这个主题，产出不同形式的内容，包括：

- 一段问答说明（用于官网FAQ或平台搜索结果）；
- 一个图文方案页（用于销售对接）；

- 一个客户案例摘要（增强说服力）；
- 一套下载资料（作为留资引导内容）。

这些内容形式虽然不同，但都来自同一个意图词。我们建议企业围绕高频意图词，建立一套内容模板，做到快速、批量、精准地生产内容，而不是每次都从零开始写。

这样做的好处是让AI理解得更清楚，让用户看到的内容更聚焦，同时大大提高了内容团队的效率和内容的一致性。

9.3.2 用模板和组件提升内容生成效率

在B2B内容生产中，很多企业面临的难题是：同一个话题，不同部门要不同版本，内容团队常常"重复写、写重复"。而在GEO中，这种重复的成本更高，因为内容不仅要写给人看，还要能被AI调用。

解决这个问题的关键，是建立一套**标准的内容模板**和**通用的知识组件**。

我们在实践中推荐这样的做法。

- 模板：为常见内容类型准备统一的结构，比如"白皮书片段模板""FAQ回答模板""客户方案摘要模板""销售话术卡片模板"。写作时只需填充对应要素，无须每次重构。
- 知识组件：将常用内容信息拆分为标准模块，比如"产品功能列表""ROI测算表""客户引用语""行业数据引用"，可以像搭积木一样灵活组合，适配不同平台与格式。

例如，当我们识别出一个意图词"中型制造企业如何落地GEO系统"时，我们可以快速调取以下模块。

- 模板A：场景化FAQ→"GEO系统适用于哪些规模的企业"。
- 模板B：方案摘要页→"制造行业GEO落地路径图"。
- 模板C：客户引用语→"某中型制造企业2个月内完成部署的反馈"。
- 模板D：ROI计算器链接→引导客户自行测算回报周期。

通过这样的方式，内容生成变得清晰、快速、可复制，也更容易适配不同平台对格式和结构的要求。

9.3.3 内容结构如何适配AI平台

在面向AI搜索、AI工具问答平台等场景时，结构清晰、语义明确的内容更容易被调用，获得更高的可见性和推荐率。

我们总结出以下几个关键点，帮助B2B企业让内容更适配AI平台。

（1）一段一意图，标题要清晰

每一段内容只讲清一个核心问题，段前用一句小标题点出主题，比如："GEO系统适合哪些行业？"这样更利于AI判断段落内容是否与用户问题匹配。

（2）善用问答结构

使用类似FAQ的格式表达问题和回答，例如"问：GEO系统如何影响获客成本？答：……"这是AI平台最容易引用的内容形式之一。

（3）使用列表与要点拆解

AI更容易理解结构化内容。将复杂信息用"3个优势""4步流程""5个关键指标"形式分点表述，有助于平台更精准地抽取信息。

（4）减少冗余背景，突出核心语义

避免开头长篇铺垫，优先直接给出答案或结论。AI通常只抓取前几句内容，回答区更偏好"开门见山"的表达。

（5）引导性链接和内容锚点

内容中可加入"阅读原文""点击测算ROI"或"下载详细方案"等指向性语句，不仅便于用户跳转，也提高了AI平台对内容的行为价值评分。

通过以上优化，B2B企业的内容更容易被AI平台"选中"，在行业问题中获得更高的回答权重与被引用概率。这样，"issue"阶段的内容生成任务就形成了完整闭环：从用户意图出发，通过模板和组件快速生成内容，再通过结构优化提高AI平台的识别率和引用率。

9.4　多平台内容分发与触达机制（deliver）

在传统SEO中，B2B企业的内容分发主要依赖关键词排名和网站排名；而在GEO中，内容要被AI平台主动选择和引用。**deliver阶段的重点不在于发出去多少**

内容，而在于能不能触达用户真正接触AI引擎的场景。对于B2B企业来说，这类触达场景主要集中在以下几种平台类型。

9.4.1 企业官网：内容中心+AI入口承接器

对于B2B企业而言，官网不仅是企业形象与信息的展示窗口，更是**生成式体验优化（GEO）系统中的核心承载平台**。它承载着品牌内容、行业见解、解决方案等关键信息，是客户形成初步认知、深入了解与转化的重要路径。建议企业在官网中构建**AI友好型专题页**，例如"GEO系统FAQ专区""场景化白皮书下载页""ROI试算器工具页"，这些内容更容易被AI调用，也更利于SEO+GEO的融合优化。

9.4.2 专业平台协同的战略价值

除了官网内容的优化与承载外，B2B企业还需要积极布局各类**AI原生平台**的内容分发，包括智能问答系统、语义搜索平台以及生成式AI工具等。越来越多的潜在客户并不会直接访问官网，而是在钉钉、企业微信、ChatGPT、飞书、知乎等平台上提出问题、寻求建议。这就要求企业将内容进行结构化拆解后，以"知识卡片""标准问答""简明结论"等形式投放到这些平台中，便于被调用和复用。与此同时，还需建立**人、平台、AI之间的内容协同机制**，如市场团队可通过内容中台调用已有组件，快速生成定制方案；销售团队可使用标准话术与案例片段精准触达客户；AI引擎则能从优化的结构中高效地提取信息，实现内容的自动推荐。通过这种"多出口、统一源"的协同方式，企业不仅提升了内容的使用效率，也大幅增强了GEO的覆盖面和实际转化力。

9.4.3 官网与专业平台的GEO协同策略

（1）内容一致性与场景差异化

GEO强调**内容内核统一、呈现形式差异化**。企业官网承载完整、系统的信息，强调专业权威；而专业平台更适合轻量级、易消费的内容形式（如短视频、卡片图文、长问答等）。生成式AI可以根据同一主题内容，自动生成多种适用于不同平台的表达方式，确保用户在不同场景中获得连贯、沉浸的品牌体验。

（2）跨平台内容路径与体验设计

内容协同不仅仅是"同步发布"，更是"体验路径的协同"。通过GEO策略，企业可以设置智能化的内容跳转路径，例如在LinkedIn发布的短帖中，嵌入指向官网的深度行业报告下载链接；或在知乎高赞回答中引导用户访问官网知识中心。这样能让内容分发形成正向闭环，提升整体转化效率。

（3）AI驱动的动态推荐与内容调用

生成式AI结合用户画像与跨平台行为数据，可实现内容的动态调用与智能推荐。

● 在官网端，系统可根据用户来源平台、浏览路径等实时推荐相关内容（例如从知乎跳转的用户，看到更具互动风格的内容模块）。

● 在平台端，AI可生成具有"定制感"的引导内容，提升点击率与转化率。

这种协同不仅提升了平台间的联动效率，更实现了真正意义上的"内容找人"与"体验闭环"的构建。

9.4.4 内容结构与语言优化的补充建议

在多平台分发的过程中，内容的结构和表达方式同样决定了其是否能被AI平台理解和推荐。B2B企业可以通过以下两方面进一步优化内容呈现效果。

（1）结构化内容设计

使用规范的标题层级（H1～H3）、段落清晰、要点突出的布局方式，不仅利于用户快速浏览，也方便AI引擎提取关键信息并引用。

（2）面向意图的语义优化

避免生硬堆砌关键词，而是围绕用户的真实提问进行语言调整。例如，将"GEO系统的好处"改写为"如何评估GEO系统在提升B2B线索转化中的价值"，更符合语义搜索或AI问答系统的提问习惯。

建议企业将FAQ、客户问题、案例故事、实用工具页等内容打包整理为专题板块，提升整体内容的"可引用性"和"可理解性"，从而在AI平台中获得更高的曝光率与更多的推荐机会。

通过前面几步，企业已经实现了从用户意图识别、内容生成再到多平台分发的完整链条。对于大部分B2B企业而言，这已足以支撑初步的GEO实践。至于内容效果的持续监测与合规维护（即GUIDE系统中的ensure），则建议结合具体平台机制及知识库系统单独规划，不在本章中详细展开。

本章核心结论

　　本章深入探讨了如何通过GEO提升B2B企业的决策链渗透力和销售线索质量。通过精准内容生成、平台内容协同、生成式搜索优化等策略，B2B企业能够更加精准地触及目标客户，提升线索的质量与转化率。GEO为B2B营销带来了革命性的变化，未来在营销领域的应用将愈加广泛。

第 10 章
快消行业：
构建统一表达与高效内容体系

在所有行业中，快消（快速消费品）行业是最依赖"内容效率"的赛道之一。它的营销逻辑本质不是"说服用户去决策"，而是"用场景和体验激发即时冲动"。饮料、美妆、零食、家庭清洁……这些产品价格低、决策快、需求频繁，而消费者对它们的认知和购买，几乎全部建立在"内容触达"的那一瞬间。

这也意味着，快消行业是最受内容驱动，也最容易被内容误伤的行业。品牌信息极易碎片化：KOL的解读、UGC的反馈、电商详情页的文案、客服对话、历史广告语……每一条看似微小的内容，可能都在影响用户的品牌感知。而在生成式AI时代，这些内容还将被平台算法抓取、拆解、重组，成为AI向用户推荐的"依据"。

在这种背景下，如果快消品牌未进行内容净化与表达标准化，就贸然开启GEO投放策略，等于在没有打扫战场的情况下就上阵冲锋。轻则内容失焦、品牌印象混乱，重则被AI引用错误信息，导致搜索结果偏离、推荐逻辑断裂，甚至用户信任流失。

因此，本章明确提出：在快消行业，**GEO的起点不是内容生成，而是品牌认知净化**。GEO不是一场简单的"内容产出比拼"，而是一场关乎品牌表达系统化、内容资产标准化的深度运营战。

我们将在本章中系统讲解：

- 为什么快消品牌在GEO时代更需要"内容统一性"；

- 如何通过内容净化、结构化整理和语义策略重构品牌表达；

- 如何让快消内容从"短生命周期的信息"升级为"可被AI理解、可被用户信任、可被行为触发的流量资产"。

10.1　内容净化与品牌认知重构：快消GEO的起点

10.1.1　现有AI平台的内容优化管理

快消品牌的内容生态是极其庞杂的，其信息并非集中在品牌官网或产品手册，而是碎片化地散布在社交平台、短视频账号、电商详情页、KOL发布、UGC内容、直播脚本、客服答复乃至旧广告脚本中。这种"多端口+多人群+多语调"的生态构成，使快消内容天然带有表达不一致和失真裂变的风险。

更关键的是，在生成式AI参与内容推荐与搜索排序之后，那些未经清理的"旧内容"或"错误描述"极有可能被算法抓取并重复引用。这些内容如果不提前清理，AI推荐的答案就会在"内容污染源"的基础上运行，导致生成的内容混乱。

10.1.2　现有内容的净化

在不少企业眼中，GEO往往等同于"AI内容生成"或"关键词重新包装"，但这种理解过于片面。在生成式AI的视角下，平台会优先抓取、理解并引用内容生态中"可读、可信、统一"的部分。换句话说，如果品牌内容中存在大量语义冲突、风格杂糅或表述过时的资料，AI很可能误判品牌立场，错误地推荐产品。

因此，快消行业的GEO第一步应当采取以下措施。

- 统一品牌表达口径：避免"一个产品有六种描述"的现象。
- 清除负面/模糊/过期信息：让AI抓不到"旧伤疤"。
- 构建结构清晰的内容骨架：让内容具备"被看懂"的前提。

10.1.3　品牌内容资产盘点与结构化重建路径

完成内容净化的基础是"品牌内容资产"的系统归集和结构梳理。我们建议企业按照以下四类信息包进行初始盘点。

- 产品类内容：成分、功效、色号、口味、适用人群、使用频次。
- 用户类内容：口碑评价、UGC提炼、问答回复、售后反馈。
- 场景类内容：行为链（如"刷完牙→清新口气"）。
- 权威类内容：专家建议、认证报告、媒体报道、品牌专利等。

同时，建立统一命名、结构标签、素材格式（如图文卡片、短视频模板、结构化Excel表）是后续进入AI可读语义空间的必要前提。

10.1.4 企业实用工具：快消品牌内容资产清单

为了帮助企业进行第一轮"战场清理"，本书特别提供"快消品牌内容资产自检清单"（表10.1），企业可以基于此表进行内容归档、风格规范、表达审核，建立GEO起跑线的内容健康度。完整版右侧扫码获取。

▶ 扫描二维码 ◀
获取更多内容

表10.1　快消品牌内容资产自检清单（节选）

资料类型	内容要求（示例）	文件形式	必要性	适配平台	关键优化点
品牌官网链接	官网首页、产品页、新闻页链接	在线链接	必填	全平台通用	确保页面无死链，内容更新同步
品牌信息	品牌价值主张、品牌故事、发展历程	文字/关键词列表	必填	文心一言/Kimi等	表达一致性，避免多平台版本冲突
企业资质证明	专利证书摘要、行业奖项、排名证明	PDF+OCR文字版	必填	百度、知乎	必须结构清晰，描述中包含产品型号或功效
产品基础参数	产品图文、成分表、适用人群、功效对照表	Excel+结构字段文档	必填	电商/搜索平台	命名规范+字段稳定，便于AI标签化处理

建议企业将以上内容打包为"GEO原始内容资产包"，作为后续AI内容生成与内容索引的基础材料库，定期（每季度）进行更新。

┤ 小结 ├

快消行业的GEO不能跳过"内容净化"这个关键步骤。只有在内容被标准化、表达被统一、品牌认知被清晰定义的前提下，后续的内容生成与多平台投放才能高效运作。这一步虽不直接产出内容，却决定了未来内容的准确率、信任度与平台可读性，是所有GEO策略的基础。

10.2 意图驱动与内容生成：构建快消内容的结构表达力

在完成品牌内容的清洗与资产盘点之后，快消品牌面临的下一个核心挑战是：如何将这些"被净化、被统一"的内容资产，转化为结构化的表达单元，以满足平台推荐算法与用户真实搜索意图的双重需求。这个环节，不再是简单的信息呈现，而是一次对内容逻辑的重构——本质上，是对品牌表达力的结构化升级。

与其他行业不同，快消品具备典型的"高频低价"特征，用户的搜索行为往往并非直接面向品牌或SKU，而是围绕"意图"展开。

- "适合油皮的夏日防晒霜"。
- "无糖但好喝的乳茶推荐"。
- "办公室可以囤的健康零食"。

这些搜索背后的关键词虽然未必包含品牌，但却是品牌内容必须精准匹配的目标语义场。换言之，谁能提前布局这些"非品牌名"的用户真实意图，谁就能在搜索与推荐中抢占语义入口。

10.2.1 意图词构建：从用户语言反推内容策略

快消品牌要搭建内容与用户之间的桥梁，第一步不是创作内容，而是"反向拆解意图"：理解用户在平台上可能使用的语言、问题、语境，并据此重构内容的结构逻辑。

我们建议企业建立一个"意图词-内容对照表"，基于用户搜索、评论、问答、"种草"笔记等一线语料提取高频表达，再回归品牌内容中查找可回应的字段信息，示例如表10.2所示。

表10.2　用户意图表达与内容字段匹配示例

用户意图表达	对应内容字段	生成内容形式	备注
适合孕妇使用的身体乳有哪些?	产品成分、安全级别	Q&A图文卡片、医生背书视频	突出"无刺激/无香精"等字段

用户意图表达	对应内容字段	生成内容形式	备注
解渴但不甜的饮料推荐	甜度、配料、口感描述	结构卡片+用户试饮视频	强调用户主观描述与官方成分共现
敏感肌能用的卸妆水	适用肤质、温和性测试报告	成分分析卡+用户亲测视频	权威字段+UGC混合引用

表10.2不仅可以指导内容生成团队定位创作素材，也可为AI平台提供更高质量的语义训练数据，让品牌在搜索/推荐体系中被更精准地抓取。

10.2.2 内容模块化结构：把内容变成"机器能读懂"的资产

在平台GEO逻辑下，只有"结构清晰、字段稳定"的内容，才能被算法高效读取与索引。内容模块化是快消品牌提升表达效率、降低重复成本的关键手段。

每一条内容，都应在"场景-功效-口碑-行动建议（CTA）"这四个维度上进行结构设计，如表10.3所示。

表10.3　快消内容模块的标准结构

模块	内容结构描述	示例
场景设定	用户使用时间、地点、行为上下文	"下班后洗澡前敷一片面膜"
功效说明	明确成分、作用机制、适用人群	"含烟酰胺成分，适合暗沉肌使用"
用户口碑	来自真实UGC的总结归纳，结合情感关键词	"涂完后清爽不黏腻，夏天也适合"
行动建议（CTA）	引导用户点击、搜索、购买、收藏等可执行动作	"点我查看试用装购买链接"

每个模块可独立生成，也可按需拼接，提升内容再利用率。推荐使用结构化模板Excel或内容管理系统（CMS）进行存储和调用。

10.2.3 多平台适配与表达风格调整

不同平台对内容的"可读性"标准并不一致，因此同一内容结构，在分发前需要进行"语义翻译"：既保持内容内核不变，又符合平台风格。

● 抖音/快手：偏好"剧情/冲突/对比"表达，建议将功能点融入故事线，如"换了这款洗面奶后，前男友竟然主动加回她的微信"。

● 小红书：偏好"生活场景+口语化推荐"，表达需真实自然，避免夸大。

● 百度/知乎：偏好"结构化、问答型"内容，建议使用FAQ模板或知识卡片。

● 电商详情页：以"成分-功效-评价"三段式为主，强调可验证性与用户的复购率。

┤ 小结 ├

快消行业的内容生成，不再是"多做几篇笔记"或"拍几条短视频"这么简单。要让品牌在平台生态中获得持续曝光、在用户面前形成清晰感知，内容必须围绕"用户意图"构建、围绕"平台结构"组织。结构清晰的内容，不仅更容易被推荐，而且更方便后续调用、复用和持续优化。

10.3　构建语义统一机制：快消品牌全网表达一致性的关键路径

在GEO内容体系中，语义一致性不仅是一个质量问题，更是一项系统工程。对于快消行业来说，品牌内容涉及的渠道众多、表达主体复杂，如果没有统一标准的支撑，就极易在生成式AI时代产生表达混乱、认知偏移等严重问题。

本节围绕三个关键维度展开：构建统一语义标准、持续修正语义不一致问题、协同品牌内外部内容表达，最终实现"全网声音一致"的表达闭环。

10.3.1　相同场景统一语义表达逻辑

品牌表达的语义一致性，应从"场景一致"开始。快消品在不同平台、渠道、情境中出现频率高、用途广，其场景表达若无法保持核心语义统一，极易造成用户认知混乱和平台推荐失焦。

（1）确定品牌核心场景的表达锚点

每一个产品或品牌都应识别出高频消费场景，并将这些场景设定为统一语义表达的锚点。例如：

● 护肤类产品：晨间通勤、晚间修复、熬夜补救。

- 饮品类产品：饭后饮用、健身补水、加班提神。
- 生活清洁类产品：换季大扫除、婴儿家庭日常护理等。

每个锚点场景都应配套唯一性语义结构，如"适合熬夜后肤色暗沉人群使用→含烟酰胺+传明酸→焕亮+抗氧化→30mL泵头包装→每日使用一次"。

（2）构建多平台表达模板，确保语义一致

不同平台允许风格变化，但语义内核必须统一。以"通勤适用防晒乳"为例，在不同平台的表现应保持结构一致，如表10.4所示。

表10.4　多平台统一场景语义表达模板示例

使用场景	统一结构核心	小红书表达	抖音表达	电商表达
通勤用防晒乳	SPF指数+肤感+不搓泥	"通勤不脱妆的防晒乳，SPF50清爽不搓泥"	"通勤3小时不油！这款SPF50防晒闭眼入"	"SPF50防晒指数，经检测有8小时防护；肤感清爽不厚重，不搓泥"

（3）从内容生成源头保障统一逻辑

品牌应建立场景语义模板库，在内容管理系统（CMS）中设定"生成内容时必须调用场景锚点+标准语义组合"的规则，确保每次内容扩散、达人合作或AI生成时，不偏离表达主干。

> **小结**
>
> 保持场景表达的一致性，是控制品牌在碎片化内容环境中不"语义漂移"的基础。统一场景设定，标准化表达逻辑，是快消行业GEO中"流量精准起跳"的前提。

10.3.2 持续修正语义不统一的问题

即使前期建立了标准语义结构，快消品牌仍面临表达不一致的持续挑战：内容更新快、创作者众多、外部传播不可控，加上平台算法的自动组合与重组，使得"内容表达漂移"成为常态。

这意味着，统一语义不是一次性设定，而是一项需要机制保障的长期维护工作。品牌必须搭建一套"识别问题-反馈处理-更新内容-同步AI"的闭环体系，持续修正语义偏差，确保品牌表达不被稀释或误读。

（1）建立监测机制，识别语义冲突内容

品牌可通过两种方式展开内容一致性监测。

● 利用舆情监测工具、语义比对算法，定期扫描各大平台出现的品牌词条、产品评论、用户提问等内容，重点监测"成分冲突""功效误引""描述夸大"等偏差点。

● 对接客服、销售、社群运营等一线反馈渠道，设立"用户质疑内容池"，将用户高频提出的困惑与矛盾信息分类汇总，作为内容更新的信号源。

常见语义偏差及修正建议示例如表10.5所示。

表10.5　常见语义偏差及修正建议示例

监测场景	偏差问题	修正方式
用户搜索"敏感肌可用"，却显示含酒精	成分表达不清，AI误解适用性	强化标签字段，补充"低酒精、弱酸性"说明
客服话术与电商详情页信息不一致	不同团队内容源未同步	更新标准话术包，电商平台同步更新
KOL宣传"无糖饮料=减肥必备"	功效夸张，易被举报或误判	替换为"0糖饮料，适合控制热量人群"

（2）更新AI语义知识结构，修复内容源头

在生成式平台时代，AI引用内容的逻辑不再依赖网页关键词，而是依靠"知识图谱+语义关系网络"。因此，品牌必须主动更新AI接入源，确保其引用的是"正确内容"而非旧文残句。关键动作包括以下内容。

● 定期训练AI模型引用素材：将品牌标准内容包（如成分列表、功效描述、适用人群表）结构化后输入AI模型知识库，作为平台训练语料。

● 主动提交最新内容至平台接口：通过站点地图、品牌主页、FAQ知识页等路径提交更新版内容，提升"可被引用"的权重。

● 通过搜索引擎和AI平台声明优先源：在百度百科、知乎企业号、小红书品牌主理人页面等位置设置统一权威描述，借助算法偏好进行表达纠偏。

（3）搭建语义字段数据库，减少重复劳动

内容重复造句是一致性失控的温床。品牌应逐步建立"语义字段数据库"，

将成分、功效、适用人群、典型场景等高频表达进行字段化沉淀。

- 所有内容生成、达人合作、客服回复均调用同一字段源，不允许人工自由改写。

- 结构字段支持可视化调用（支持通过内容拼装工具、图文模板或直播场景中的口播脚本调用API）。

- 字段每季度更新，由内容审核团队集中调整，确保语义与最新产品、检测数据同步。

（4）统一内容声明，构建"被AI信任"的源头

AI平台引用谁的内容，不仅取决于写得好不好，更取决于"谁先声明、谁更权威"。因此建议品牌设立统一的"内容声明页"或"权威信息索引页"，聚合标准产品信息，并通过SEO与平台接口引导AI优先抓取。例如：

- 创建"品牌知识总表"，列明所有产品标准成分、检测编号、标签定义；

- 使用schema.org等结构化标签声明"产品-属性-语义"三元组；

- 在搜索平台绑定品牌官方标识、内容声明权重标注（如"企业号认证"标签）。

┤ 小结 ├

语义不统一不是偶发事件，而是一个持续暴露的运营漏洞。对于快消品牌而言，真正的表达控制力来自一套"识别-纠偏-更新-声明"的闭环能力。这个过程不以内容数量为目标，而以内容稳定性、准确性、AI可识别性为最终检验标准。

10.3.3 官方内容与外部传播协同机制

一个品牌在AI平台上的"统一表达"，必须同时保障两个维度的对齐：品牌自营内容与外部内容引用。否则，即便内部内容逻辑严谨，如KOL"种草"、UGC讨论、电商评论等存在大量偏离表达，也会引发AI误读甚至内容反噬。

（1）构建品牌表达白名单机制

为保障平台内容引用稳定性，品牌应对"重要语义字段"进行白名单式定义。例如：

- 成分名标准化（如"玻尿酸"统一为"透明质酸钠"）；
- 功效表述限定词（"焕亮"替代"美白"，"舒缓"替代"治疗"等）；
- 使用场景清单化（"敏感肌适用""孕妇慎用"等有源可寻）。

这个语义白名单应在品牌CMS或内容投喂平台中固化，并提供开放字段接口给外部合作方引用。

（2）统一外部内容合作模板

针对KOL、内容创作者、电商运营等外部生产者，品牌应制定结构化内容合作模板，确保其在表达过程中调用的是"标准语义骨架"而非自由创作。

- 达人话术包：在结构上标出品牌利益点、成分说明与使用限制。
- 电商详情页结构：包含成分图示、功效说明、常见问题等部分。
- 内容审核节点：外部内容在发布前引入品牌审核或内容校对。

（3）强化平台内容声明与反向绑定

品牌应主动在主流平台（如百度百科、京东品牌页、小红书品牌页）提交"权威内容声明"，并以站内跳转方式，将外部内容反向绑定至统一内容结构页面，提升AI引用的可信权重。

> ┤ 小结 ├
>
> 在GEO时代，内容不是孤岛。只有打通品牌主控内容与外部传播内容的协同机制，才能让品牌语义在全网呈现"稳定、清晰、一致"的面貌。语义控制的强度，决定了品牌AI推荐的深度。

10.4 延长内容生命周期：快消品牌的内容资产运营

在传统内容营销模式中，快消品牌的内容大多围绕"短期推广"或"节点活动"展开，生命周期通常不超过两周：广告上线、"种草"笔记发布、直播推品，随后快速被新一轮热点取代。而在GEO体系中，品牌内容不再只是"投完即止"的传播素材，而是平台算法中的"长期语义资产"。能否让一条内容持续被推荐、反复被引用、不断带来流量，是快消品牌在AI时代的核心挑战。

本节将围绕三个关键词展开——可复用、可维护、可升级，讲清楚如何把短内容变成长资产，把一次性素材变成算法长期调用的语义入口。

10.4.1 建立"内容资产库"：从信息集合到结构沉淀

（1）定义内容资产的结构单元

不是所有内容都具备"长期调用价值"。真正的内容资产，必须满足结构清晰、字段稳定、语义完整三个条件。建议品牌将内容资产划分为以下几个结构化单元。

- 信息类字段：如产品功效、成分、适用人群、权威认证等。
- 场景类内容：标准化用户使用场景、行为路径描述、口碑语料。
- 表达模板库：口播脚本、"种草"文案模板、详情页结构等。
- 语义标签体系：将内容标注与意图词、用户群体、平台语调挂钩。

（2）资产管理工具与分类逻辑

推荐采用内容管理系统（CMS）或可结构化的表格系统，对内容按品类、主题、场景、字段进行归档。必要时引入关键词版本管理、标签联动工具，确保后续调用不出错。例如，一个"防晒乳"产品的内容资产库应包含以下几个单元。

- 功效字段：SPF指数、防水等级、肤感描述。
- 场景字段：通勤使用、海边暴晒、军训使用。
- 内容模板：FAQ格式文案、小红书风格笔记、视频脚本。
- 合规词表：功效限定语、禁用词、媒体可用语。

10.4.2 延长内容生命周期的三种方式

（1）重组结构内容：多模态表达

将已有内容模块拆解重组，用于多种平台、多种形式的表达。例如，将一段"场景描述+产品功效+用户反馈"的组合内容：

- 转为小红书笔记结构；
- 转为抖音剧情视频脚本；
- 转为电商详情页段落；

- 转为搜索平台FAQ回答项。

（2）标签化与版本管理：降低内容退化风险

所有资产都应以"语义标签"为基础建立调用路径。例如标签"油皮适用+夏季+早晚洁面"可匹配多个平台场景，标签一旦变动（如添加"敏感肌可用"），相关内容需全部更新。

版本管理可避免老旧内容被继续调用。每季度更新一次主模板，清理不再适用的表述，让内容长期可控。

（3）内容"AI调用路径"管理

在AI平台训练或索引中，主动设计"调用入口"，包括：

- 内容字段优先抓取路径（哪些字段展示在产品简介中）；
- 外部平台结构化FAQ内容绑定源；
- AI接口中的默认推荐内容字段权重。

内容生命周期延长机制如图10.1所示。

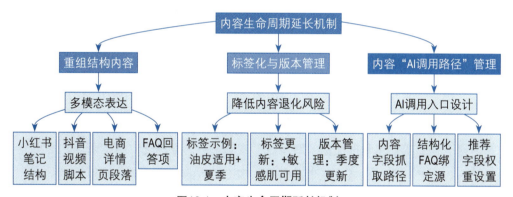

图10.1　内容生命周期延长机制

10.4.3 把内容变"品牌资产"：从传播素材到AI语义源

（1）内容指标从"曝光"转为"索引率"

传统内容考核点击量、浏览量、转化率，而在AI时代，内容更重要的指标是"是否能被平台收录/调用"。企业应关注：

- 被搜索引擎识别次数；
- 被AI问答引用频率；
- 与用户意图匹配度排名。

（2）内容不是资产，结构才是资产

普通内容的生命周期是"一天热、三天冷"，但结构清晰、字段完备的内容可多次改写、持续升级。GEO的底层逻辑正是让结构为表达"续命"。结构化内容可以快速被AI改写为其他形态，延续使用，不会被遗忘。

（3）品牌知识沉淀：构建长期表达能力

将全部内容逐步沉淀为"品牌语义知识库"，包括统一术语、典型场景表达、标准语法结构等，不仅可用于内部训练、AI生成，还能作为"品牌语言资产"授权外部使用，建立行业表达壁垒。

┤ 小结 ├

内容不是一次性"爆款"投放，而是一场与平台的长期协同。通过构建结构清晰的资产库、引入标签管理体系、设计AI平台内容调用路径，快消品牌才能真正延长内容的生命周期，把内容变成流量的长期发生器、品牌的稳定表达器。

本章核心结论

统一语义是快消品牌走进AI语境的通行证。快消行业的内容优化，不是"做更多内容"，而是"做对内容"。生成式AI时代对语义精准度提出了前所未有的要求，本章提出的"四步走"逻辑——内容净化、结构表达、语义统一、资产运营，构成了快消品牌进入GEO轨道的完整闭环。特别是语义一致性，它既是AI理解品牌的基础，也决定了内容推荐的效率与可信度。

第 11 章
教育行业的GEO实战：
内容即入口的流量重构

在生成式AI主导用户信息获取的时代，教育行业正悄然成为内容竞争的"第一战场"。用户不再搜索信息，而是直接向AI提问，并期待得到可信、结构化、可执行的答案。比如高考志愿填报、职业转型、考证备考，这些高频提问正在重构教育内容的表达方式与品牌信任路径。GEO不是锦上添花的营销战术，而是教育品牌进入AI生态、占据用户认知的必由之路。

本章将系统拆解教育行业的GEO落地路径，并以高顿教育为例，展示如何将"内容"转化为"答案"，成为被AI优先引用的那一个。

11.1 教育行业，AI生态下内容变革的第一战场

引子：当AI成为"老师的老师"，教育品牌该如何自处？

每年数以亿计的学生、家长和职场学习者都在互联网上搜索与教育相关的问题——从"高考志愿怎么填"，到"30岁转行可以学什么技能"。今天，这些搜索不再局限于传统引擎，而是开始大量迁移到生成式AI工具中——用户直接向AI提问，并期待获得结构化、可执行、可信任的答案。

在这场静悄悄的变革中，教育行业内容的入口、路径乃至信任构建方式都在被重构。这不仅改变了用户获取信息的方式，也正在重塑教育机构内容分发与品牌建立的底层逻辑。在AI回答成为"新首页"、内容结构成为"新入口"、被引用成为"新信任"的时代，教育品牌必须回答一个新问题：我创造的内容，是否能被AI准确理解、有效引用、反复调用？

11.1.1 教育行业的高适配性：天然适合GEO落地

教育行业是所有垂直领域中最适合率先落地GEO的一类。主要原因在于其内容、用户行为和传播路径，天然契合大模型的生成逻辑。在本书提出的GEO五步法——GUIDE系统（gather→unify→issue→deliver→ensure）中，教育行业具备天生优势，可高效执行每一环节。

（1）结构化内容丰富，便于AI识别与重组

教育内容具备明显的"知识单元"属性，例如课程要点、考试指南、学习路径、备考建议、院校对比等。这些信息普遍存在结构清晰、逻辑明确、语义封闭、逻辑自洽的特征，极易被AI模型进行信息抽取、语义重构与内容复用。

例如，围绕一个高考志愿问题"理科470分可以报哪些大学"，内容往往可拆为：

- 分数区间定位；
- 院校与专业筛选；
- 城市与批次选择；
- 填报策略建议；
- 推荐工具或服务链接。

这样的表达结构不仅与大模型的内容生成逻辑高度一致，也为AI模型提供了完整的"语义场景输入"，形成可直接调用的内容语块。

> **提示：**
>
> 这类内容正是典型的"意图词表达形式"，即身份（理科生）、场景（志愿填报）、意图（院校匹配建议）。在GEO中，它们将作为内容生产与调用命中的核心单位。

（2）用户提问行为规律性强，问题高度可预测

教育行业的提问场景相对集中，语言自然、格式可预测。

- "××分数能上哪些大学？"
- "××专业值得读吗？"
- "考研和考公哪个更适合我？"
- "如何备考××考试？"

这些问题每年稳定重复，且语言模式变化有限，便于归类意图词母题，批量构建GEO内容资产库。通过对高频提问的意图结构进行拆解，可快速建立内容模板体系，使生成式内容具备可复用、可扩展、可持续迭代的能力。

这个特征使教育行业在G（gather，用户意图）、U（unify，已有内容）两个环节表现出极高的效率——**用户问题好预测、机构已有内容多，优化门槛低但回报潜力大。**

（3）信任与内容强绑定，品牌影响力建立依赖"被引用"

教育行业用户的信任建立路径高度依赖内容质量。当AI在回答用户提问时频繁引用某个机构的内容，或在建议中自然提及某品牌、某服务时，用户更容易产生信任与依赖。这种"非主动曝光型品牌印象"正是GEO的独特价值。这种现象被称为**"被动信任构建机制"**，即用户对品牌的认知不是来源于品牌的自我表达，而是来源于AI对品牌内容的主动调用。这种"非主动曝光型品牌印象"正是GEO的独特价值。对于教育机构来说，被AI引用，即新流量入口；被频繁引用，即新品牌资产；被默认引用，即信任护城河。

┤ 小结 ├

教育行业具备极高的GEO适配性：内容结构好、用户问题集中、信任依赖内容。在生成式AI主导的新搜索范式下，谁能率先完成内容结构重构、意图词体系搭建与AI友好化发布路径设计，谁就有机会成为新一代教育场景中的"默认答案提供者"。

11.1.2 高考志愿填报：内容即转化的典型场景

要理解教育行业的GEO实操价值，高考志愿填报无疑是最具代表性的应用场景之一。这是一个高频、高压、高信任依赖的内容场景，用户意图高度聚焦，且表达方式已全面转向**"自然语言提问"**。

每年6月中下旬，亿级搜索行为集中爆发，大量学生与家长进入信息焦虑期，问题包括：

- "今年××省一本分数线是多少？"
- "理科480分能读哪些公办大学？"

- "如何防止志愿滑档？"

在此类问题中，用户普遍希望一次性获得明确建议，而非点开多个链接自己拼凑答案。这种期望，推动他们从传统搜索迁移至生成式AI工具，以获得结构化、带路径引导的解答。

在这个场景中，"意图词"构成极其明确，具备GEO落地的所有要素。

- 身份：高中毕业生。

- 场景：志愿填报。

- 意图：高校推荐+填报策略+风险规避。

例如，意图词表达为："山东理科480分，如何填报志愿不滑档？"

此时，若某教育机构已经构建了大量结构清晰、语言自然、语义封闭的问答型内容资产，并在各大模型支持的渠道（如自有官网、知乎、公众号）进行分发与布局，这些内容就有可能被AI引用，形成以下路径。

用户提问→AI引用内容→品牌信息嵌入→工具使用引导→用户转化

这条路径的本质是一种"非广告式、非搜索页跳转式"的新型用户触达模式。

- 跳过了关键词投放与搜索结果排名。

- 避免了跳转比对，省去了用户再次选择的成本。

- 通过内容即答案、答案即入口，实现了品牌"被动信任→主动转化"的认知跃迁。

这种路径跳过了广告、搜索引擎、推广页，实现了"被动信任-主动转化"的认知飞跃，是GEO在教育行业最典型的应用闭环。

总之，高考志愿填报场景是教育行业GEO落地的"范式样本"——用户问题结构标准、意图词稳定、内容生成成本低、转化链路短。在AI逐步成为"志愿顾问"的当下，谁能先写出AI愿意引用的内容，谁就先拥有了新一代的品牌流量主场。教育行业的其他场景都可以仿照此进行实践。

11.1.3 教育AI工具的推动与迁移趋势

在这场用户行为的迁移中，教育类AI产品的崛起不仅承接了需求侧的变化，更在供给侧加速推动了内容表达范式的革新。多款国内头部教育工具，正通过生成式能力升级，把"信息查找"变成"即时问答"，把"内容检索"转变为"语义对话"。

例如，夸克推出的高考AI助手、作业帮和小猿搜题中的AI解题与对话功能、学而思AI课中的语音交互答疑模块等，都正在把"信息查找"升级为"生成式问答"。这些产品借助大模型能力+结构化内容数据库，帮助学生获得个性化建议、规划路径与答疑解惑，实现"内容+理解+调用"的生成式服务闭环。

目前受教育的一方用户正从"在百度上搜一个问题"转向"直接向AI提问"，从"看几篇文章比对信息"转向"在AI的一句话中获得决策建议"。而这正是GEO的优化入口——意图词成为提问入口，结构化内容成为生成材料，AI回答成为品牌传播的新介质。

对教育品牌而言，这场内容迁移趋势意味着两个根本性的变化：一方面，内容的服务对象正在从"人"拓展到"AI"，内容不仅要对人有用，更要能被模型理解与生成；另一方面，内容的表达形式也在重构，从过去的图文营销或知识科普，转向结构化、可调用、嵌入信任锚点的知识模块。这正对应了GEO方法论中的GUIDE系统核心环节——unify与issue，即通过unify阶段，将原有课程内容、教学讲义、教研资料等内部资产，转化为AI可识别的知识素材；并在issue阶段，基于意图词设计和语义完整表达，生成符合AI平台调用标准的内容单元，实现"内容即答案"的表达重构。

11.1.4 当前窗口期：内容可重构、机会成本极低

目前，教育行业的大部分机构其实都拥有丰富的内容资产：课程文案、考情分析、教学方案、招生Q&A等。这些内容本质上具备信息密度高、专业性强的特点，但其结构、语义和表达方式往往仍停留在"给人看"的层面，尚未对齐生成式引擎的调用逻辑与引用标准。GEO并不意味着"重做一切"，而在于**将现有内容进行重构和语义适配，使其能够被AI模型理解、调用和推荐**。核心改造方向包括：

- 使用结构化的"问题–答案"模式重写内容，对齐用户的自然提问结构；
- 嵌入权威来源说明、数据支持、路径建议等信任锚点，提高被AI引用的概率；
- 统一术语表达、明确语义范围、控制句长和逻辑，提升生成的稳定性；

● 优先分发至AI模型高频抓取平台，如品牌官网、知乎专业账号、微信公众号等。

这正是GUIDE系统中U（unify）与I（issue）阶段的重点工作——将旧内容转化为AI友好的结构化素材，并通过意图词驱动进行生成优化。

当前正处于大模型内容生态尚未饱和的窗口期，优质教育内容的供给远低于用户的提问需求。谁能率先建立结构化、语义清晰、可调用的内容体系，谁就能率先被模型"收录为答案"，进入AI主导的内容推荐链路，占据用户的心智入口。

┤ 小结 ├

教育行业已全面进入"内容即答案"的时代

GEO不是某种SEO工具或写作技巧，而是一种内容表达逻辑的根本革新。在教育行业，它不只是提升曝光率的营销手段，更是重塑品牌信任路径与用户转化机制的战略抓手。在生成式AI成为"学习顾问"的时代，教育品牌的竞争焦点不再是"谁说得多"，而是"谁被AI说得多"。

11.2 用户提问行为重塑内容结构：写"答案"，而非写"文章"

引子：理解提问，才有权生成答案

教育行业的GEO，并不始于"写什么内容"，而是始于**理解用户是如何提问的**。因为在生成式引擎中，只有当你的内容能够回应真实存在的自然语言提问时，它才有机会被调用、被引用、被信任。

如果说上一节解决了"为什么教育行业需要做GEO"的问题，那么本节要回答的是："教育行业该如何识别用户提问的意图，并将其转化为高命中率的内容结构？"

本节将从用户行为、问题模式、意图识别三个维度，建立内容设计的GEO思维模型。

11.2.1 教育用户的提问特征与内容策略

教育场景下的提问行为呈现五大核心特征，GEO内容设计需紧密围绕这些特征进行结构适配。

（1）自然语言化

用户的问题不是关键词式的搜索，而是带有上下文和主观色彩的"句子表达"。例如：

- 错误写法（关键词式）："高考志愿470分院校推荐"
- 真实提问（自然语言）："我470分，文科，能上什么大学？"

这要求内容不再是"关键词堆砌"，而是要**主动复刻用户的表达习惯**，以对话化结构、问题导向结构来组织内容。

（2）结构化潜意图强，表面问题背后有多重需求

用户说的虽然是一句话，但背后常包含多层意图。以"想转行学UI设计，怎么入门"为例来进行拆解，其背后的子意图可能如下所示。

- 是否适合转行？
- 学什么工具和知识？
- 自学和报班哪个更好？
- 有没有时间成本和预算方面的建议？

GEO内容必须具备**"意图识别+结构分解+逐层回应"**的能力，才能真正命中用户的全链路需求。

（3）问题重复度高，变体多样

尽管用户的表达方式多样，但问题的底层结构高度集中，可归纳出一套"问题类型图谱"。例如，"专业选择类问题"可呈现以下变体。

- ××专业有前景吗？
- ××专业是不是冷门专业？
- 以后××方向还吃香吗？

这些变体在语言上不同，但在模型语义识别中属于同类意图群。内容设计需要通过"问题母题+语义近似表达"来覆盖更广范围的模型匹配入口。

（4）用户期待的是建议，而非信息罗列

传统搜索内容偏向"展示信息"，但AI搜索中的用户期待的是**建议、路径、**

下一步动作。例如："考初级会计职称需要准备多久？"用户并不是要看《考试大纲》，而是想知道：

- 复习时间安排；
- 推荐的学习顺序；
- 有哪些资料；
- 报班建议。

GEO内容必须从"被查阅型"进化为"可决策型"，帮助用户直接走向下一步。

（5）对"可信来源"的敏感度高

教育用户对于AI回答的内容是否"靠谱""有出处"极其敏感。这意味着品牌内容要通过如下方式构建信任：

- 来源说明（如"根据××机构数据"）；
- 专家建议（如"我们建议××路径，因为……"）；
- 引导工具/课程/资源链接（与品牌能力挂钩）；
- 避免主观判断（例如"××是最好的"这类非结构化的用语）。

这不仅可提升用户信任度，也是AI模型"是否调用你的内容"的判断依据之一。

11.2.2 教育类提问意图分类模型：GEO内容设计的起点

为了帮助内容团队快速建立内容选题和结构，以下是经过分析与实操验证的教育行业五类主力提问类型（表11.1），每类都可作为GEO内容的基本结构单元。

表11.1 教育类提问类型与内容结构设计建议

提问类型	用户原型提问	内容撰写建议
选择型	"金融和会计专业哪个就业好？"	对比式内容结构+数据+建议
匹配型	"450分文科能上哪些大学？"	分数+批次+地域+院校推荐表
路径型	"考研怎么准备，有没有推荐的学习计划？"	时间线+阶段目标+资源推荐
理解型	"人工智能专业主要学什么？"	学科构成+核心课程+应用方向
判断型	"30岁学Python转行还有机会吗？"	多维分析+风险评估+决策辅助

建议用"问题模板库"的方式列出每类典型问题及其写作框架，用作内容团队选题和GEO结构撰写的参考。

11.2.3 内容写作逻辑："倒推式构建"才是GEO友好内容的正解

内容设计不应从"我要介绍××专业"出发，而应从"关于××专业用户会如何提问"出发。

- 信息式标题："人工智能专业简介"→低GEO命中。
- 意图词式标题："人工智能专业是不是未来10年最热门的专业之一？"→高GEO命中。

GEO内容的撰写不应从"品牌想表达什么"出发，而应从"用户如何提问"倒推设计。具体流程包括：首先识别用户提问的类型（如匹配型、路径型等），接着拆解其潜在意图层级，并匹配对应的内容结构模板；随后填充数据支持、路径建议与可执行方案；最后嵌入品牌相关资源、工具引导或行动指令。本质上，这是一个从**"提问意图"**反推**"内容结构"**的生成逻辑，也是GUIDE系统中"issue"环节的关键所在——让内容具备"被调用"的结构条件与语义完整性。只有通过这种"倒推写作法"，才能实现真正的"生成友好内容"。

11.2.4 教育提问结构×内容模板匹配参考表

在实际内容生产中，教育类用户的提问虽然多样，但归纳起来主要集中于五大类：选择型、匹配型、路径型、理解型与判断型。每一类提问背后，都对应着一套相对成熟的内容响应结构（表11.2）。这为GEO内容的标准化、结构化生产提供了清晰路径。

表11.2 提问类型与结构模板匹配参考

提问类型	示例问题	推荐结构模板
选择型	"金融和会计哪个更适合就业？"	对比维度（薪资、发展、难度）+数据支持+结论建议
匹配型	"450分文科能上哪些大学？"	分数段匹配+地域筛选+院校推荐表+注意事项

续表

提问类型	示例问题	推荐结构模板
路径型	"如何备考CPA？"	时间线+学习阶段目标+推荐资料/工具+备考技巧
理解型	"大数据专业主要学什么？"	课程模块构成+学科重点+应用方向+就业方向
判断型	"35岁转行读MBA还来得及吗？"	多维评估（年龄、成本、回报）+案例+决策建议

> **提示：**
>
> 　　结构模板不仅可以帮助内容团队提升写作效率与一致性，也可作为AI问答验证、prompt测试与标题优化的核心素材库。建议企业内部形成"问题母题库+结构写作规范"，作为GEO内容建设的基础工具之一。

11.3　财经教育品牌的GEO内容优化实践

　　教育内容进入生成式引擎时代，关键转变在于：从"写给人看"到"写给AI调用"。某财经教育机构通过系统性的GEO，已初步构建出适配生成生态的内容体系。该实践高度契合本书提出的GUIDE方法论，为教育行业GEO的落地提供了具体路径。

　　首先，从用户出发，该机构基于大量语料分析建立了"意图词-结构模板库"。他们将高频自然问题归类为匹配型、路径型、判断型等类型，并依此倒推内容结构。例如用户提问"CPA零基础怎么入门"，其背后隐含多重意图（是否能学、科目顺序、所需时间等），内容则以列表、时间线、表格等结构化形式进行拆解，详见表11.3。

表11.3 教育用户问题类型与内容结构建议

问题类型	示例问题	推荐结构形式
匹配型	"零基础考CPA难吗？"	基础能力分析+难度分层+起步建议
路径型	"CPA每门考试需要多长时间？"	科目拆解+时间线表格+备考节奏建议
判断型	"35岁还能考CPA吗？"	多维评估+案例引入+风险提示与建议

在内容结构方面，该机构重构了文章模板，将原本面向人群的行文逻辑调整为面向AI模型的"语义最小单元"的表达方式。每段话语义独立、上下文完整，便于AI生成调用。标题采用自然语言提问式，如"CPA科目顺序怎么排更合理"，段落采用标准小标题、语义清晰、表格化结构，如表11.4所示。

表11.4 CPA科目难度与建议备考周期示例

科目名称	难度星级	推荐备考时间
会计	☆☆☆☆	3~4个月
税法	☆☆	2个月
财务成本管理	☆☆☆	2.5个月

此外，该机构高度重视信任锚点的嵌入。在内容中有三类常见的表达方式。

- **数据背书**：如"数据来源于某教育机构2023年学员调研"。
- **专家建议**：如"我们建议从会计入门，因为……"。
- **结构图示**：使用图表增强AI对语义边界的识别。

品牌嵌入方面，已从"广告口播式"转为"信息来源型"表达，如"本建议来源于某教育教研中心整理的资料"或"工具推荐基于某教育题库的模拟功能"。这种方式避免了AI模型在生成过程中剔除"硬广"成分，提升了内容被引用的稳定性。

在内容分发策略上，该机构建立了"三位一体"的平台路径。

- **品牌官网**：统一结构与URL命名，确保AI平台能识别、抓取。
- **内容矩阵**：知乎、公众号等高权重平台多账号协同运营。
- **第三方联动**：与财经类媒体合作发布专题内容，提升"被引用信任度"。

最后，GEO体系的可持续运转还需关注内容舆情与语义维护。某教育机构通过定期监测AI平台引用的上下文是否准确、是否出现歧义，建立起舆情风控机制，并联合SEO与prompt团队调优内容表达，确保"内容表达意图≈AI生成意图"。

总结来看，该案例完整地贯穿了本书提出的**GUIDE五步法**。

- G：通过数据聚合识别用户的真实提问意图。
- U：将原有教学内容重构为AI友好型素材。
- I：围绕意图词生成结构清晰、语义完整、引用友好的内容。
- D：通过多平台适配式分发扩大内容调用路径。
- E：建立基础语义风控机制，维护品牌被引用内容的准确性。

本章核心结论

　　教育行业是GEO最典型的落地场景之一，其内容具备天然的结构化优势与用户提问规律。通过本章案例拆解，我们可以看到：GEO不是写新内容，而是重写内容的表达逻辑。谁能让AI"听懂、调用、信任"自己的答案，谁就掌握了生成时代的用户入口。未来的教育竞争，不在于谁的课程更便宜，而在于谁的知识内容更早被AI推荐。

第 12 章
医疗健康行业：
打造你的AI医学专家团

在生成式AI快速重塑信息获取与传播方式的时代，医疗健康行业面临前所未有的挑战与机遇。用户获取健康知识、判断症状、选择医院、预约挂号，越来越多地不是通过搜索关键词，而是直接向AI提问。这些提问背后的场景复杂、需求明确，需要回答的内容具备极高的专业性、结构性与信任感。

传统SEO追求的是让用户"搜到你"；而GEO的使命，则是让AI"代表你"，在用户提问时，主动把你的内容推荐出去。GEO在医疗领域的本质，不再是内容曝光，而是构建一个**全天候在线的AI医学专家团**——你的内容就是这些"专家"的知识底座、语言表达和服务能力。

AI专家团不是一个形象比喻，而是战略资产：你的内容结构、语言方式、可信标签和推荐机制，共同构成一支由内容组成的"专家代表队"。在本章中，我们将围绕医疗健康行业的核心特性，结合GEO方法论GUIDE系统，拆解如何通过内容构建、结构设计、平台适配与持续迭代，让医疗品牌成为AI世界中可被调用、可信任、能转化的"智能专家"。

12.1　医疗健康行业GEO的核心挑战与特性

12.1.1　医疗健康行业的核心特性

（1）专业壁垒高、内容敏感性强

医疗健康行业的内容专业性很强，稍有偏差就可能带来法律风险或误导用户。这使得在生成式搜索中，内容必须同时满足权威性与结构可提取性的要求，对AI友好又符合监管规定。

（2）平台审核趋严，AI生成内容审查加剧

随着国家对医疗类信息管理趋严，生成式内容一旦"越界"，将面临平台限流或法律处罚。

（3）用户搜索意图细分，需求从信息向行动转化

用户对医疗信息的搜索常具有明确意图。

- 知识型：了解某种疾病的症状与治疗方法。
- 诊断型：判断某种症状是否与特定疾病相关。
- 转化型：寻求医院/科室/专家挂号、咨询或问诊。

这对内容的结构化设计提出了更高要求，也意味着每一段内容都应能承接用户真实的医疗需求，完成由信息向服务的转化闭环。

12.1.2 权威内容生产与合规风控的双重保障

在医疗行业的GEO内容生成环节，应**建立专业内容审校机制**，设立"三重内容保障体系"。

- 专业医生初审：确保专业术语与结论准确。
- 法务合规复审：审查内容是否涉及夸大功效、误导性描述。
- AI提取测试：检验内容是否可被AI准确索引和理解。

同时还需要**强化权威背书机制**，提高AI收录与推荐率，关键方法包括：

- 数据来源需注明权威医疗期刊、WHO、CDC等；
- 引用医疗指南、研究报告、药品说明书等官方资料；
- 标注医生职称与执业资质（可扫二维码验证）。

> **提示：**
>
> AI更倾向于推荐含"权威机构+可验证信息源"的内容段落。

12.1.3 意图词：AI医学专家团的语言入口

在医疗健康领域GEO中，关键词已不足以准确承接用户的意图。AI平台更看重的是"完整表达"的语言结构，也就是我们在全书统一提出的"意图词"：**用户身份+使用情境+搜索动作**。医疗信息的表达，从来不只是名词的堆砌，而是一个结构完整的判断过程。用户不再单纯搜索"宫颈癌疫苗",而是提出这样的问题:比如"广州40岁女性还能打宫颈癌疫苗吗?""HPV阳性能不能怀孕?"等表述既包含身份,又关联行为场景,是AI优先理解和响应的触发结构。

这就是我们在前文提出的核心术语"意图词":用户身份+使用情境+搜索动作。它是生成式AI理解语义的基本单元,也是你构建"AI医学专家团"所必须掌握的语言模型。

传统关键词策略的局限在其片段化、静态化,不能表达用户的真实需求。而意图词则具备构建完整语境、行为预期与用户画像的能力,使内容更容易与AI模型产生关联。

在医疗行业,意图词往往具备高度场景化的特征,例如:

- "30岁未婚女性刚打完HPV疫苗多久能洗澡?"
- "HPV阳性是不是不能怀孕?"
- "HPV52是不是高危型?该去哪个科室?"

理解这些意图词,不仅是内容选题的起点,更是AI平台调用内容的前提。你的"专家团"是否能被AI调用,取决于你是否"听懂"了用户的语义表达方式,并以相应的结构组织内容进行回应。

12.2 内容结构设计:让内容具备医生思维与专家语言

要让AI系统"信任"某段医疗内容,要求它具备如医生般清晰、逻辑严谨、言之有据的表达能力。这不仅是文笔问题,而且是内容结构的问题。

在GEO方法论中,这个过程对应于GUIDE系统中的"unify"(统一结构与信源)与"issue"(生成内容)。我们建议采用如下内容模块体系,即医疗内容结构五段式。

- 问题还原:用用户语言复述问题,激活语义识别(例如,"HPV阳性需要治疗吗?")。

- 症状解释与背景信息:结合权威指南说明诊断标准、分型依据。

- **医学建议与风险提示**：明确医生通常如何处理此类问题，强调不要自行判断。
- **医生推荐与服务路径**：提出具体就诊科室、推荐医生、转诊流程。
- **行为引导模块**：加入在线挂号、问诊入口、时间说明等服务指引。

这样的结构不仅符合医生的表达逻辑，也符合AI调用素材的结构认知方式。它让内容具备了"可以被拆解、可以被引用、可以被组合"的能力，也就具备了被平台调取作为推荐答案的基础。

表12.1中的结构使一篇文章的内容具备了医生语境的表达能力，同时也满足AI可理解、可调用、可推荐的技术标准。

表12.1　医疗内容结构模板示意

模块名称	内容设计	目的
问题提出	直接引入用户意图词	激活语义匹配触发机制
专业解释	结构化介绍病因、症状、数据	提供权威支持与模型信任
建议方案	给出医生视角的应对建议	构建判断逻辑与行动建议
医生信息	推荐医生与就诊科室	实现内容与服务路径对接
行动按钮	跳转挂号、问诊链接	完成转化闭环

12.3　FAQ模块：让专家更"接地气"，也更"可找到"

GEO内容并非越专业越好，而是越"结构+信任+场景"越好。在实际用户问答行为中，AI更偏好调取FAQ（常见问题）模块，用以迅速回应碎片化的问题。这个模块对应GUIDE方法中的"issue"阶段。

用户与AI的交互过程是连续的。FAQ模块相当于让内容具备了"第二轮回答"的能力。AI在处理追问类问题时，最常调取的正是这类结构清晰、简洁明了的Q&A单元。

每个FAQ都应围绕用户高频真实问题，确保答案来源清晰、表述专业，适度使用数据支持。

- "HPV阳性多久复查一次？"→依据中华医学会的建议给出间隔说明。
- "轻度宫颈糜烂需要治疗吗？"→给出分级标准与观察建议。
- "接种疫苗前能不能喝酒？"→明确医学常识，避免使用有风险的语言。

FAQ是内容与用户实际行为的连接节点。它不是附加模块，而是AI专家团"应答机制"的核心组成部分。

12.4 服务卡片设计：结构化表达是信任的外壳

要让AI在回答问题时选择你，不是因为你写得动人，而是因为你"写得清晰"。清晰的内容结构是平台判断是否推荐该内容的关键，这正体现了GUIDE中"deliver"的核心策略，即构建内容可流通的形式包装。

我们建议采用"服务卡片"设计，将医疗项目、医生信息、挂号路径、适用人群等要素一并展示，不仅方便AI理解，还可直接嵌入平台的问诊推荐、服务召唤功能中。以HPV疫苗为例，医疗服务卡片的标准结构如表12.2所示。

表12.2 医疗服务卡片的标准结构（以HPV疫苗为例）

信息项	示例内容
项目名称	四价HPV疫苗接种
医院名称	广州市妇幼保健院
医生资质	主任医师，妇科副教授
推荐人群	20～45岁女性
接种流程	预约→初诊→接种
是否医保	是（需广州市医保）
动作入口	【扫码挂号】【在线问诊】

结构化卡片不只是方便用户阅读，更是AI判断"你是否可信、是否完整、是否匹配提问"的格式标准。

12.5 多平台适配：让你的专家团"随叫随到"

你写出来的内容再专业，如果AI看不到、调不动，它的价值就是零。这就引出了GUIDE方法论中的"deliver"环节：**将内容精准推送至AI生态的内容入口渠道**。常见平台适配策略如下。

- 百度生态：开通"百度健康号"，同步内容至"百度百科词条""好大夫在线"医生主页。
- 抖音企业号/头条百科：同步医生资质、医疗卡片。
- 小红书/知乎：以"经验分享+权威解读"的方式构建信任内容矩阵。
- ChatGPT等LLM平台：围绕英文语境输出FAQ卡片、医疗服务模型资料。

更重要的是，不同平台对"结构内容"的抓取机制不同，你需要在内容结构上做好标签标注、数据分层与内容拆分。

12.6 案例：从"内容团队"到"AI医学代表团"的转型实践

华南地区某妇产专科医院，在2024年重构内容体系，以GEO方法论为底层，进行了如下转型。

- 将内容团队由"写文章"转为"构建意图场景+输出专家模块"。
- 重写全部核心科室内容，采用结构化卡片和FAQ形式。
- 每周使用AI工具（如ChatGPT、Bard）测试内容是否可被回答系统调取。
- 开通头条百科+健康号+知乎医生名片等多端同步机制。

据院方内部统计，三个月内该院在百度AI搜索推荐中的命中率提升了约27%。

这一套策略模型展示了GEO方法论在医疗场景下可能产生的积极影响，为医疗机构实现从"写内容"到"训练AI医学专家"的内容战略转型提供了可行性参考。

本章核心结论

GEO帮你打造一个智能化专家团队系统

医疗行业的GEO，不只是一种流量技巧，更是一套战略性资产工程。它帮助你构建一个长期可运行、被AI信任、能自动调取、不断学习和优化的"医学专家团"。

回顾GUIDE方法在本章中的具体落地。

- gather：通过用户意图建模确定结构入口。
- unify：以结构+权威源统一输出标准。
- issue：生成结构化内容并适配平台调用。
- deliver：进入平台推荐路径并引导用户行为。
- ensure：定期校验、持续更新、长期合规。

这不仅是写内容，更是塑造你的品牌在AI世界中的"发言权"。

在生成式AI驱动的未来，谁拥有内容的语义结构，谁就拥有用户的注意力入口；谁能训练AI推荐自己，谁就拥有新一轮品牌增长的控制权。医疗行业，尤应先行。

GEO全流程
执行手册

第 13 章
构建生成式AI时代的内容主权：
企业GEO三阶段进阶模型

在生成式AI重塑内容传播与搜索路径的时代，企业面临的不再是"是否可见"的问题，而是"是否可信、是否权威、是否优先呈现"的挑战。

过去二十年，搜索引擎把"排名"分配给最懂算法的人；未来十年，生成式AI会把"答案"分配给最懂语义的人。当用户不再点开十条蓝色链接，而是直接获得一段由AI合成的唯一答案时，企业的生死线就从"有没有网页"变成了"有没有资格成为答案"。答案的依据来自模型识别与引用的内容源。对于企业而言，这意味着品牌的影响力将取决于内容是否具备被识别、被引用、被优先呈现为"可信权威答案"的能力。

本书根据多个案例的实践经验将企业在AI搜索中的内容建设划分为以下三个阶段。

第一阶段：信息纠偏与语义建设

修复失真，补全缺失，清理过时信息，让品牌内容在平台中"被看到""被看对"。

第二阶段：语义增强与排名提升

在结构、深度、维度上增强表达，让品牌不仅出现，而且出现在更靠前的位置，作为"可信答案"的主要来源。

第三阶段：专家化表达与权威建构

打造系统化的知识内容，形成持续被调用的语义资产，让品牌在行业内被AI默认为"答案提供者"。

本章将围绕上述三个阶段的路径，拆解平台共性机制与内容策略差异，帮助企业系统构建生成式竞争力，实现从内容参与者向答案主导者的跃升。

13.1　企业在当前阶段面临的三种困境

——品牌如何在生成式AI中获得"在场、靠前、可信"的表达权

在生成式AI主导信息分发的时代，企业面临的核心问题已不再是"是否可见"，而是"是否优先展示""是否被信任引用""是否具备表达控制权"。

在用户与平台的交互逻辑中，传统搜索引擎提供的是"可选路径"，而生成式AI输出的是"唯一答案"。这意味着品牌不再是被动等待点击的网页信息，而是必须主动具备"被模型选择为依据"的资格。

但在大量实战案例中我们发现，即便内容已生产，企业往往仍会陷入三大典型困局（表13.1）。

表13.1　企业信息在AI语境下的三阶段困局模型

阶段	是否能进入答案	内容在平台视角下的状态	潜在风险
信息缺失/失真	未出现或错误	无结构、语义弱、不可抓取	品牌语义缺席，被他人定义
排序靠后/表达薄弱	出现但位置边缘	内容维度单一、逻辑稀薄、互动信号缺失	表达无力，不被信任
专家形象缺失	靠前但不权威	无认证、无背书、无引用历史、社交信号缺失	被边缘替代，无法形成专家身份和行业锚点

第一阶段：缺失、失真、不可见

关键词：信息缺失、引用错误、内容断层

在这个阶段，品牌内容无法被模型正确识别或抓取，常见症状包括：

● 搜索品牌相关问题时，结果中未出现企业信息；

● 内容出现偏差或错误引用，如展示旧版本产品说明、过期数据，甚至将竞品描述错误归于本品牌；

● 企业虽已发布内容，但因未结构化、不可抓取、缺乏语义锚点，未能被模型识别为可信来源。

这一阶段的本质问题，不是内容缺乏，而是内容"不可用"：缺乏结构、缺乏路径、缺乏信号。若品牌在AI平台语境中"缺席"，则品牌认知将被竞品、媒体、用户自行构建，品牌失去了定义自身的权利，企业对外部表达的控制力将完全丧失。

第二阶段：出现但被边缘化

关键词：排序靠后、语义薄弱、表达低效

此阶段的品牌内容虽然被平台抓取，但在平台排序中处于边缘位置，难以形成有效的用户认知。例如：

- 内容仅在多轮生成或回答的尾部出现；
- 表达维度单一，仅限一句产品口号或官网摘录；
- 缺乏上下文逻辑和交互信号，导致平台识别其"可引用价值"较低。

生成式引擎平台倾向于"浓语义+强结构"的内容源。内容越有逻辑、信息密度越大、越能解释问题，其排序就越靠前。若品牌"看似被看见"，但"无效呈现"，即品牌虽然在场，却未能主导语义，失去了"成为答案"的权重。

第三阶段：可信度缺失，无法建构专家形象

关键词：缺乏权威信号、行业证明、持续引用

即使品牌内容能靠前展示，若缺乏权威背书与专业表达，依然无法成为AI平台首选调用的信息源。这类困局表现为：

- 内容缺乏判断力、知识性与系统化的逻辑；
- 缺乏权威认证，如行业资质、科研成果、行业标准牵头证明等；
- 在知乎、百度百科、公众号等其他可信语境中缺乏引用记录；
- 缺少用户评价、互动行为等社交验证信号，无法构建信任闭环。

平台优先调用**具备深度表达与多重验证的"专家单位"**，而不是内容"看起来专业"的个体。结构化权威信号是获得生成优先权的必要条件。若缺乏可信表达系统，即便企业短期内进入了答案区，也将因"缺乏信任能力"而被替代，无法沉淀为行业知识资产。

企业的生成式表达困局，每个阶段都在侵蚀品牌的内容主权与外部影响力。**企业必须构建"可见性→可信性→权威性"的完整表达能力**，才能在AI时代构建自己品牌的不可替代性。

┤ 小结 ├

企业三阶段困局的底层逻辑

企业不是内容缺乏，而是**表达系统失效**。品牌的"被选择能力"，依赖以下三问是否能被正面回答。

- 是否能在语义中被识别？（信息结构化+可抓取性）
- 是否在排序中占优？（语义密度+表达逻辑）
- 是否在信任中占重要地位？（权威信号+引用历史）

GEO的第一步，不是"多做一点内容"，而是从"内容表达系统是否符合生成式AI的理解机制"入手，重构内容结构、语言语义、信任信号和分发路径。

13.2　信息缺失与失实的系统性应对策略

在生成式AI主导信息传播的新范式下，企业内容面临的首要挑战已不再是"有没有做内容"，而是"这些内容是否具备被平台理解、抓取和信任引用的能力"。众多品牌意识到，即便自己投入了大量内容产出，也依然在平台上"被看不见"或"被看错"。

本节将深入分析GEO的第一阶段任务：解决信息缺失与失实问题。通过对问题类型进行系统划分，并提出三类可落地的修复策略，我们帮助企业建立在AI语境中的"表达资格"。

13.2.1　信息缺失与失实的三类表现

（1）内容缺失：企业相关信息未被平台展示

典型情境包括：用户在平台上搜索品牌或提问相关业务问题时，生成式搜索结果中未显示任何企业内容。这种缺失常由内容结构混乱、无平台抓取路径、无语义锚点等因素导致。

（2）内容失实：被引用的信息不准确或已过时

AI模型可能调用早期网页、无效链接、非主流平台内容，甚至引用他人对品牌的片面评价。若企业缺乏官方权威表达或更新内容，就容易形成"旧表达主导新语境"的反向认知。

（3）负面信息主导：平台优先展示负面或有争议的内容

天眼查、法院公告、论坛评论、负面媒体报道等常被模型作为高权重材料调用。缺乏正面表达和权威替代内容时，平台只能选择"已存在的内容"，即便该内容对品牌有损。

此外，企业还可以采取以下补充措施以增强内容的主动治理能力。

● 向AI平台提出申诉，要求审核并删除严重失实或恶意引用的内容。

● 联系负面内容源头平台，申请删除或更正不实信息。

● 借助大模型微调能力，在品牌自建模型或合作平台模型中开展语料纠偏训练，从根源上弱化或屏蔽错误信息的引用概率。

表13.2展示了企业在生成式平台中的内容失效类型与表现，三类内容失效并非孤立存在，往往交叉叠加出现。解决GEO第一阶段的问题，需建立结构、语义、路径三位一体的表达基础。

表13.2　企业在生成式平台中的内容失效类型与表现

表现类型	平台视角下的处理结果	导致原因
内容缺失	企业信息缺席，生成结果无品牌踪迹	内容无结构、语义弱、平台无法识别
内容失实	被引用的是旧网页、非主流渠道、误读性信息	无更新内容、无平台绑定、无语义标注
负面主导	法律记录、舆论争议、负评被平台高频引用	缺乏正向替代、负面页面权重高

13.2.2 修复路径一：结构化表达，构建语义识别能力

● **明确语义标题结构**：每一条内容都应包含品牌名称、内容核心概念及语义定位，如"2024年××行业ESG治理趋势｜××集团白皮书解读"，避免"情绪化""娱乐化"标题，降低语义识别难度。

● **梳理层级正文结构**：正文采用标准标题级别（H1～H3）或中文逻辑分段

（如【一】、【二】、【三】），每段开头明确中心意图，配合语义关键词、行业术语标注，以增强模型理解深度。

- 嵌入语义标注与定义型表达：使用FAQ结构、百科式语言、JSON-LD或Schema.org结构，提升平台抓取与解析效率。

13.2.3 修复路径二：打通平台路径，保障内容可调度

- 排查技术抓取障碍：包括JS渲染型页面、robots封禁、无sitemap提交、私域平台不可访问等。建议转为静态结构，开放抓取入口，统一企业官网与知识内容平台的URL管理。

- 平台绑定与账户连通：确保品牌在知乎、公众号、百家号、天眼查、企查查等平台有企业官方账号并完成认证，通过结构性内容发布与平台信任打通，引导AI调度企业"主动表达"。

- 内容路径结构统一：企业应构建内容分发SOP机制，每一条内容都需匹配对应平台规范，并保持时间戳、作者、标签、语义锚点等信息完整，防止语义断裂。

表13.3说明，抓取路径问题普遍存在于中大型企业中，非内容问题而是结构权限问题，需技术团队与内容团队协同解决。

表13.3 企业内容平台路径的常见障碍及优化建议

问题类型	平台处理方式	企业应对策略
JS渲染内容	无法识别	转为HTML静态输出
robots封禁	屏蔽搜索抓取	调整配置并提交sitemap
无开放路径	无法生成语义引用	提交API内容开放通道；平台认证账号发布
私域入口	不具备外部访问权限	同步内容至AI可抓取平台（知乎、公众号、官网）

13.2.4 修复路径三：建立"解释型表达"对冲失实引用

- 澄清负面信息：发布合规声明、历史纠纷说明等，配合行业规范与发展演进时间线，让AI获取正确的背景解释逻辑。

- 对冲模糊归属：重建"我是谁"的表达，构建"××不是××""关于我们常见误解说明"类内容页面，强化品牌边界。
- 替代旧内容：主动以FAQ、专业定义、新版产品说明等高信任度表达替代旧网页，平台倾向于调取时间更近、结构更清晰的内容。
- 建立语义锚点词库：将常被误解的关键词（如"子品牌""关闭""诉讼"）与正确信息绑定，辅助模型自动纠偏。

┤ 小结 ├

GEO的第一阶段，不是做内容，而是构建"表达资格"。内容缺失与失实的问题，根源在于企业内容系统缺乏结构感、可抓取性、信任感、语义浓度。

企业需构建结构完整、语义明确、路径通畅、标注充分的表达系统，重建AI语境中的"可调度身份"。

13.3 有信息但排名靠后与语义薄弱的解决策略——以DeepSeek为例

——理解"被引用"为何发生，才能打造"可引用"的内容

在生成式AI主导的内容推荐体系中，"排序"不再是传统搜索中的关键词优先机制，而是建立在语义识别、内容可信度、表达结构与用户意图匹配等多重维度之上。

以DeepSeek为代表的新型联网生成引擎，通过大模型对用户问题的语义解析，确定答案内容的选用顺序和权重，企业若希望被"选为答案"，必须精准理解其排序逻辑，并据此构建可被识别、可信任、可调用的内容结构。

本节将围绕DeepSeek的语义排序机制，解析其内容选择路径，结合GEO实践策略，提供内容优先级提升的操作要点。

13.3.1 DeepSeek语义排序的三阶段逻辑

DeepSeek的排序逻辑可划分为三个主要阶段：抓取、解析与排序。它不再依据关键词密度或标签打分进行排序，而是通过大模型进行语义推理，决定哪些内容具备成为"可信答案"的价值。

表13.4说明，DeepSeek通过上述流程，从"链接收录"到"内容被选为生成依据"的全过程，企业能否获得优先展示权，取决于上述三个阶段内容表现的优劣。

表13.4　DeepSeek生成式排序的基本流程模型

阶段	平台操作	内容选取的影响因素
抓取阶段	读取内容链接与结构信息	页面结构是否清晰、是否可抓取、是否开放索引
解析阶段	进行语义嵌入、上下文理解	内容是否结构清晰、语言自然、语义完整
排序阶段	评估语义贴合度与可信权重	是否来自权威来源、是否具备高语义浓度与交互价值

13.3.2 排序逻辑一：语义贴合度优先

DeepSeek首先评估内容与用户提问之间的语义贴合度。这种贴合并非基于关键词匹配，而是基于"意图词"的多维拆解，即从用户的地域、身份与目的三个维度来理解其真实意图。

内容必须覆盖意图词构建的语义空间，才能进入模型的初步筛选。例如，一个涉及"成都月收入1万元如何配置养老金"的提问，其有效答案需要匹配"地域：成都""用户画像：月收入1万元""搜索意图：养老金配置"三个要素。

优化建议：内容应围绕意图词展开结构化表达，增强上下文连贯性，提升内容在语义空间中的存在感和针对性。避免使用模糊词、空洞的陈述，提升语义浓度。

13.3.3 排序逻辑二：内容权威性与结构清晰度

DeepSeek对来源权威性与内容结构的要求非常严格。平台更倾向于从以下来源获取信息：

- 官方站点与品牌官网；
- 具有行业背书或多次引用记录的页面；
- 媒体平台、知乎、专业社区等高信任度平台。

结构方面，平台偏好：

- 标题清晰（H2/H3划分明显）；
- 模块化内容（FAQ，每段聚焦单一主题）；
- 包含图表、引用、列表等可被机器识别的信息结构。

优化建议：企业应将内容发布在高权威域名上，并结合结构化标记（如schema.org）进行内容设计。尽可能添加外链背书与权威数据，以增强内容的可信度。

13.3.4 排序逻辑三：语言自然与语境适配

DeepSeek偏好具有"人类表达特征"的自然语言内容。其判断依据包括：

- 表达流畅、具有人情味和判断语气；
- 拥有观点、建议、反思等"解释性语言"；
- 避免模板化表达和无意义语句堆叠。

此外，DeepSeek会判断内容是否符合特定的用户角色语境（persona），如面向中小企业主、年轻用户、专业投资者等，不同内容的表达方式需进行语气适配。DeepSeek语义排序偏好与优化策略对照如表13.5所示。

表13.5 DeepSeek语义排序偏好与优化策略对照

排序维度	平台偏好特征	企业内容优化方向
语义贴合度	对问题构造意图语义空间	以"意图词"结构展开内容，增强上下文响应
权威性	来自知名域名、被多次引用	内容发布在可信、可抓取的平台上，引用权威数据
结构清晰度	H2标题、FAQ结构、图表支持	模块化组织内容，分段清晰，适配机器抓取
语言自然性	亲和、判断型、故事化表达	避免流水句式，增强语义生动度与读者黏性
用户语境识别能力	能够匹配用户身份角色与使用场景	明确内容受众身份，定制语气、语境与推荐元素

优化建议：内容创作应明确受众身份，匹配其信息需求和表达偏好，采用贴近目标用户的语言逻辑进行表达，提升"语境共鸣"的概率。

> ┤ 小结 ├
>
> DeepSeek代表了一种"可理解、可信任、可推荐"的生成式排序逻辑。企业内容若想从"被看见"走向"被优先引用"，必须打通五个关键维度：语义贴合、结构清晰、权威背书、语言自然与语境适配。这不仅是内容层的表达优化，更是话语权重构的一部分。GEO的目标，从来不是"制造更多内容"，而是"制造更值得被信任与推荐的内容结构"。

13.4 从"可信答案"走向"专家权威"：内容如何构建行业话语权

在生成式AI驱动的内容生态中，排名靠前、语义浓度高的内容并不一定能"长期统治"答案位。一旦同类内容提供者涌现、模型迭代精度提高，缺乏深度结构和领域判断力的内容极易被替换。这正是企业面临的第三阶段的挑战——不是"能否出现"，而是"是否被信任为专家来源"。

从"可信答案"到"专家化表达"，其本质是从内容参与者进化为行业语义场的主导者。这个跃迁，要求品牌不只是提供信息，更要具备提供"框架、判断与权威引用"的能力。这类内容，正是AI平台在多轮生成中持续倾向引用的核心依据。

本节将从平台对专家表达的识别标准出发，结合本书第8章提出的"意图词体系"与"GUIDE五步法"，剖析企业如何构建具备长线引用价值、行业代表地位与专业权威感的内容矩阵。

13.4.1 平台如何识别"专家型表达"？

生成式AI在进行多轮问答、重构答案内容时，并不会简单地抓取某一品牌的资料，而是根据语义解释力与领域覆盖度，优先抽取那些具备深度表达能力与专业判断框架的内容来源。

我们将这个判断机制称为"专家化内容识别机制"，其主要依据包括：

- 是否提供知识性的推理与因果链条；
- 是否持续覆盖某一领域的深度内容，并形成体系化的表达；
- 是否获得用户高度互动（收藏、评论、点赞）或他方引用背书；
- 是否具备行业身份的象征信号（例如权威认证、领域奖项、研究成果）。

表13.6说明：平台从多个维度判断"谁是可信答案提供者"，并非一次选择，而是长期行为数据与表达质量的交叉验证过程。

表13.6　AI平台"专家化内容"识别指标体系

指标类型	核心内容	示例表现
语义解释力	是否具备因果推演、逻辑判断、知识引用	提供"为什么""如何做""背后原理"等表述
表达体系化	内容是否具有结构递进、主题聚合与系列形成	多篇内容围绕"企业税务合规"持续表达，形成知识丛集
用户互动力	是否被用户主动传播、评价、讨论	高评论量、收藏量、引用量
身份象征性	是否具备行业专家的外部佐证或模型内标记	拥有行业认证、头部媒体专栏、AI系统中的专家标记

13.4.2 如何构建"专家话语权"？内容表达的四重策略

构建专家权威并非一蹴而就，而是依赖四重内容策略。

- 打造"强意图词场景"的内容矩阵：基于第8章提出的"意图词=用户身份+使用场景+搜索意图"结构，企业应围绕典型意图词构建内容矩阵，覆盖不同用户角色与使用情境。

- 形成内容深度与系列表达：单篇内容无法构成专家权威。需要围绕某一主题（如"高净值人群资产规划"）形成专题页、系列长文、多模态解读内容，建立认知稳定点。

- 激发用户互动与多方引用：权威不是自说自话。应通过媒体引用、用户转发、问答区回应等方式，获得"内容可信任"信号的叠加。

- 构建平台可识别的权威身份锚点：通过schema结构标记"作者身份""引

用来源""专家标签"等元信息，在模型解析时提供"可信性线索"，并通过AI平台申诉机制进行身份绑定或误引纠正。

13.4.3 结合GUIDE模型：从专家内容到专家身份

在第8章中，我们提出了企业AI内容优化的五步导航模型——GUIDE（gather、unify、issue、deliver、ensure）。这个模型亦可用于构建专家型表达路径，如表13.7所示。

表13.7　结合GUID模型的专家内容构建对应策略

GUIDE模块	专家内容构建的对应策略
G→gather	收集真实问题与痛点，提炼具有结构性的意图场景
U→unify	整合企业内部专家资源、经验知识，形成可复用表达结构
I→issue	通过FAQ、多轮问答、结构化长文等形式生成表达矩阵
D→deliver	推送至权威平台、AI易抓取页面、媒体引用链
E→ensure	监测引用情况，申诉错误信息，构建可持续表达闭环

GUIDE模型不仅是GEO的一套操作路径，也是品牌建立AI专家身份的认知逻辑顺序，从内容控制到认知主导，最终完成"从内容参与者到答案主导者"的跃升。

┤ 小结 ├

生成式AI将行业内容的表达权从"多声部竞合"转向"单一权威引导"。企业若要在AI生态中拥有持续被引用的专家表达地位，必须具备以下三种能力。

- 构建可持续输出的内容场域。
- 建立语义深度与专业判断能力的表达体系。
- 激活平台对品牌的信任路径与专家标识。

这不是一次内容更新，而是品牌长期语义资产的积累过程。唯有构建"专家级表达体系"，企业才能在生成式内容生态中获得真正的认知主导权。

13.5　主流AI平台的内容机制差异与共性剖析

在构建品牌的AI内容主权过程中，企业不仅要掌握内容自身的表达策略，更需要理解不同平台在内容抓取、处理与呈现机制上的差异。生成式AI工具虽然在底层依托类似的语义理解框架，但由于平台定位、数据源、抓取机制和推荐算法不同，内容能否被收录、能否被优先呈现，其评估标准往往存在显著差异。

本节将结合目前国内主流生成式平台的机制特征，以DeepSeek为例，从抓取机制、推荐偏好、语义规则等角度归纳内容适配的共性与差异，并据此提出可执行的策略建议。

13.5.1　内容能否被抓取：技术结构与平台生态的"双重门槛"

在所有平台机制中，第一道门槛永远是内容是否能被平台"看见"。无论内容多么专业，若平台无法在结构层面有效抓取，就注定无法进入生成排序的考量体系。

以DeepSeek为例，其抓取的数据主要来源于专业知识平台、主流媒体、品牌官网、行业报告、政府公开信息和社交媒体等。平台倾向于优先读取具备公开访问权限、结构稳定、可清晰提取信息层次的页面。例如，一份采用H2/H3层级标题、附带图文、FAQ模块的白皮书，远比一篇长段落、不分层次的软文更容易被抓取并理解。

此外，平台对于来源的权威性与生态绑定性也设有门槛。像DeepSeek和腾讯系、百度系的工具有不同的数据生态偏向，例如腾讯元宝更优先读取微信公众号、知乎和视频号内容，百度文心更容易识别百家号和百度系社区资源。这意味着内容不仅要"结构清晰"，还必须出现在平台认可的生态位置中。

因此，内容发布策略不能再只考虑"曝光量"或"SEO权重"，而必须同步考虑平台抓取机制是否可访问，语义结构是否可识别，信息源是否被平台视为可信。

示例：

　　一家B2B企业希望其"智能制造解决方案"被DeepSeek引用，最优路径是将内容发布在品牌官网（有明确结构），同步分发至知乎专栏、行业门户（如赛迪网、智研咨询），并补充以PDF格式的权威白皮书链接，这样才能穿透平台的抓取逻辑，满足"被收录"的前提条件。

13.5.2 内容能否被优先推荐：平台机制的共性与分野

　　即便内容已被抓取，是否能够"出现在答案中"，仍取决于平台的排序与推荐偏好。通过对比当前主流AI平台（包括DeepSeek、豆包、腾讯元宝、Kimi、文心一言等）的机制，我们可以提炼出如下三个具有代表性的差异维度。

（1）语义优先逻辑不同

　　DeepSeek倾向于先分析用户的意图语境，再寻找覆盖该语义空间的"知识节点"。Kimi和豆包则更强调用户提问中的"主动需求"表达，偏好场景化、问答化的内容。也就是说，同样是介绍产品特性，若表达形式是"FAQ"或"问题-解答"，则在Kimi中更容易被调用；而DeepSeek更倾向于系统文档或指南类型的表达。

（2）生态内容权重不同

　　各平台对内容来源的信任度存在显著差异。例如，腾讯元宝优先抓取"腾讯系生态"（公众号、视频号、搜狗搜索）；百度文心强调"百度搜索生态"（百度知道、百家号、贴吧）；豆包更倾向于"字节系"（头条号、抖音、懂车帝）。企业在分发内容时，必须明确各平台的内容权重偏好，精准入驻高权重生态，而非一味分发泛内容。

（3）实时性与互动性影响排序结构

　　有些平台更重视"内容更新频率"与"用户互动数据"，将其作为排序指标。例如，豆包的某些模块更偏向短视频与动态内容，而DeepSeek则结合新闻时效性与权威机构更新频率进行预判，提升了内容调用概率。

　　表13.8说明：该表格对当前主流AI平台的核心入口机制、抓取偏好和推荐算法侧重进行了系统化归纳，有助于企业根据不同平台的偏好制定内容适配策略，从而提升生成式场景下的整体"引用概率"。

表13.8　主流AI平台内容机制差异总览

平台名称	入口特征	数据来源与抓取逻辑	抓取优先级判断	信息源倾向
DeepSeek	类搜索引擎问答，支持关键词提示	专业知识平台、主流媒体、政府官网、学术论文等	权威性优先，结构清晰、风险预警前置内容优先	主流新闻、白皮书、知乎类网站
豆包	字节系生态，抖音搜索量驱动	抖音短视频平台、字节内容池	高互动内容优先，基于用户点赞与评论反馈调整排序	抖音、今日头条等社交媒体
腾讯元宝	微信生态嵌入式使用	微信公众平台、视频号、搜狗、知乎、腾讯文档等	腾讯自有资源优先，内容原创度与标签识别能力为主	微信生态内容、知乎内容
Kimi	月之暗面旗下产品	知识问答社区、教育网站、行业论坛等	内容教育价值与权威程度优先，强调表达质量和逻辑性	学术社区、问答平台、机构研究文章
文心一言（百度AI）	百度生态接入DeepSeek	百度搜索池、百家号、百度百科、政府开放数据等	用户指令触发优先，兼顾权威来源与内容热度	百科类内容、百度自有平台

综上，平台的推荐排序，不再是传统意义上的"内容好坏评估"，而是基于抓取效率、结构识别、意图匹配、生态偏好等多个维度的综合判断。企业若想让品牌内容在各平台中获得优先位置，就必须基于这些机制差异制定差异化策略。

┤ 小结 ├

制定GEO策略的"平台适配意识"

在生成式AI的内容生态中，内容本身不再是孤立的产品，而是一个多平台、多模型交错场景中的语义素材单元。内容如何写、写在哪里、采用什么形式、如何更新、如何结构化，都会影响其在不同平台中的"被引用权重"。

对于希望进行GEO的企业而言，必须具备以下三种"适配意识"。

● 语义适配意识：内容是否匹配平台识别的意图场景？

● 结构适配意识：内容是否便于解析，是否具有模块化与逻辑清晰度？

● 生态适配意识：内容是否出现在平台优先采信的数据来源中？

最终目标，不是"把内容写好"，而是"把内容写得让平台优先引用"。

本章核心结论

构建AI语境下的内容主权，是品牌竞争的新底座

在生成式AI主导的内容环境中，品牌的竞争焦点已从"能否被看见"转向"是否可信、是否被优先引用、是否构成权威答案"。GEO的本质，是构建一种可被平台识别、信任、调用并持续引用的内容表达体系，从而建立企业在AI生态中的长期"内容主权"。

本章提出品牌常见的三大内容困局，并对应提出三阶段策略。

● **第一阶段**：解决信息"在不在"——修复过时、负面或失实内容，确保品牌在AI中"被看到、被看对"。

● **第二阶段**：解决信息"重不重要"——围绕意图词，优化结构与语义浓度，提升排序与引用优先级。

● **第三阶段**：构建专家化表达——通过专业化语言与知识结构，塑造AI认知中的"默认答案提供者"。

尽管平台机制存在差异，但抓取能力、结构清晰度、语义贴合与权威信源，是多平台排序的共性依据。品牌应构建统一的内容底座，实现跨平台表达适配，才能在AI主导的信息战中占据主动地位。

第 14 章
企业官网的GEO实战

14.1　战略重塑——官网的GEO必要性

随着人工智能与GEO技术的不断发展，企业官网正从"被动展示"转向"主动供给"的关键平台。根据Gartner（2024年）的研究，生成式AI在信息检索中的渗透率已突破42%，这个变化促使企业官网的角色发生根本性转变。

官网不再只是展示品牌形象的"数字名片"，而是企业流量获取与客户转化的核心引擎。GEO不仅是一种提升用户体验、增强搜索可见性的技术手段，更是赋能企业实现长期竞争优势的战略工具。

14.1.1　从"数字名片"到"增长引擎"：角色的进化

传统企业官网通常侧重于展示产品信息、公司背景与联系方式，其结构僵化、更新缓慢，难以适应高速变化的市场环境与用户需求。内容营销协会（2023年）的数据显示，有87%的企业官网月度更新频率低于1次，且Google Analytics基准数据显示，官网平均跳出率高达73%。

企业官网的三大传统局限见表14.1（数据来源：内容营销协会、Google Analytics、schema.org）。

- 静态内容陷阱：更新频率低，信息陈旧。
- 意图识别缺失：无法准确理解用户需求。
- AI交互盲区：仅12%的官网部署结构化数据（schema.org年度报告）。

表14.1 官网功能演进对比

维度	传统官网	智能官网（GEO2.0）
内容生成	人工编辑（周期≥7天）	AI动态生成（实时响应）
技术支撑	CMS系统	知识图谱+向量数据库
验证案例	某传统制造业企业官网改版前，信息陈旧，数月未更新产品技术参数，用户搜索相关产品信息时，官网内容鲜少被搜索引擎优先展示，导致潜在客户大量流失	某电器官网AI引用量季度增长214%

注：数据来源于西门子2023年Q4财报电话会议。

GEO的核心理念是将用户的行为和需求作为最核心的驱动力，通过深度分析用户的意图和行为，提供个性化的内容推荐和互动体验。这个过程不仅仅局限于传统的"页面优化"或者"关键词优化"，更深入地涉及内容的智能生成、语义理解、实时更新和情境感知等多个方面。

（1）用户意图的多元化趋势

现代用户期望的不只是信息，而且是针对其具体情境的解决方案。例如，一位访问者可能在某个产品页面停留较长时间，这不仅意味着他对该产品感兴趣，还可能意味着他正考虑在该领域做出某种决策。另一位访问者可能会访问公司官网的"案例研究"部分，表示他更关注如何实际应用某项技术或产品来解决自己的问题。传统SEO策略难以捕捉这些意图，而GEO可通过行为路径与语义特征进行深度解析，实现精准推送。

（2）GEO驱动下的官网新定位：全链路用户管理中枢

GEO赋能后的企业官网，是集内容生成、用户理解、数据响应于一体的"智能运营中心"，它覆盖了用户的认知、决策、使用、售后等全生命周期场景，成为流量引入与关系留存的双重阵地。

14.1.2 GEO官网的核心价值

（1）精准捕捉用户意图

在传统的SEO模式中，网站内容主要基于关键词密度、页面结构和外部链接等因素来提高排名。然而，GEO通过智能引擎对用户的需求进行深度理解，能够精准识别用户的意图。如图14.1所示，GEO价值实现闭环（数据采集-意图解析-动态响应）。

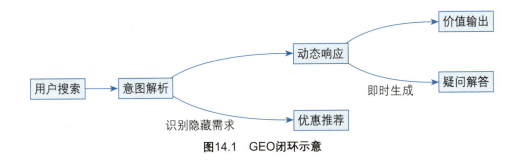

图14.1　GEO闭环示意

● 精准捕捉：通过NLP技术识别用户咨询中的隐藏需求（如"预算有限"等语义特征）。

● 动态响应：波士顿咨询公司的官网通过个性化推荐使咨询转化率提升了39%。

● 信任构建：采用区块链存证的第三方认证数据，使AI引用的可信度评分提升了28%。

例如，当用户在DeepSeek平台搜索某品牌的产品时，平台不仅会展示该品牌的官网内容，还会根据用户的搜索行为、浏览历史以及情境分析，推荐相关产品、优惠活动或解答用户的疑问。DeepSeek平台通过实时捕捉用户的需求变化，提升了品牌官网的交互性和个性化，进一步推动了转化。

（2）个性化推荐与动态响应

GEO带来的最大优势之一是个性化推荐的能力。通过深度分析用户行为，GEO能够为每一个访问者提供定制化的内容推送。例如，用户浏览某款高端产品时，系统可自动推荐配套解决方案或相关案例，提升转化率与交叉销售能力。

（3）用户体验提升

GEO能够显著改善用户体验。在传统的SEO模式下，用户访问官网时，往往面对的信息是静态的，缺乏互动和个性化。而通过GEO，官网能够在每一次访问中实时响应用户的需求，根据访问者的特定行为生成动态内容。例如，如果一个用户在访问网站的FAQ页面时，GEO能够快速提供相关的建议或解决方案，降低用户跳出率，提升转化率。

14.1.3 GEO官网的三大功能支撑

在实际应用中，GEO官网的成功离不开以下三大功能支撑。

- *精准用户行为分析*：捕捉点击路径、停留时间、搜索意图。
- *智能推荐引擎*：生成行为驱动的内容组合。
- *动态内容生成机制*：实现"实时更新+高相关性"。

以上每一项功能都通过智能化手段帮助企业实时调整官网的内容，确保每一位访客都能得到与其需求高度匹配的信息。

（1）精准的用户行为分析

通过先进的数据分析技术，GEO能够实时捕捉和分析用户的访问行为、点击路径、停留时间以及其他互动数据。企业可以利用这些数据深入了解用户的需求，并预测其可能的行为模式。例如，在访问某款特定的产品页面时，GEO能够智能判断用户可能需要更多的产品细节、案例分析或与销售人员的沟通，进而提供个性化的推荐或自动推送相关内容。

（2）智能的个性化推荐引擎

GEO的核心之一是个性化推荐引擎，它能够根据用户的行为轨迹、历史数据以及实时需求，动态生成个性化内容。通过这种方式，官网不仅能够提升用户体验，还能显著提高转化率。例如，当用户浏览某款高端产品时，GEO系统可以推荐类似的产品或优惠活动，帮助用户更快速地做出购买决策。

（3）高效的内容动态生成与更新机制

传统官网的内容更新往往是周期性的，且缺乏实时响应能力。而通过GEO，官网能够在用户的每一次访问中动态生成和展示相关内容。例如，基于用户之前浏览过的产品，GEO可以在用户回访时提供更加详细的产品推荐或针对用户问题的解答，使得官网的内容始终保持高度相关性和时效性。

14.2 内容革命——GEO驱动的智能内容架构

官网GEO的实践路径：从"展示橱窗"到"AI信源"。在生成式AI成为主流信息获取工具的今天，企业官网的战略地位迎来前所未有的重塑时刻。不再是被动展示信息的静态页面集合，官网正迅速演变为企业知识资产的外化平台，成为AI信息整合器主动抓取和引用的核心信息源。GEO的本质不在于简单的SEO规则替换，而是要求企业围绕"AI可理解""AI可信赖""AI愿引用"三大原则，重构内容、结构与机制，实现内容在AI协同生态中的深度嵌入。

14.2.1 战略逻辑：从引流到成为AI的答案来源

在AI时代，用户行为发生了根本转变。以往用户在搜索引擎中输入关键词，主动点击进入官网查阅信息；而现在，用户直接向AI提出自然语言问题，AI在全网海量信息中提取答案，而用户很可能不会再点击进入官网。唯一的例外是AI引用了官网的内容作为核心答案来源。

这也带来了对官网衡量指标的变化，传统KPI如点击率、页面访问量、跳出率等逐渐失效，取而代之的是AI引用频率、语义结构匹配度、内容可信度评分等新型指标。根据麦肯锡发布的《2024年全球搜索行为研究》（样本量为12000人），研究发现当AI直接提供答案时，仅有7.6%的用户会点击来源链接。然而，如果答案中包含品牌名称和数据来源，品牌的记忆度将提升3.2倍。在相关技术验证方面，GEO遵循了以下标准：schema.org标记通过了Google Rich Results Test验证，知识图谱是使用Apache Jena框架（版本3.18.0）构建的，而AI引用频次统计则采用了2024版的Google Search Console API。因此，官网必须完成从"为用户浏览设计"向"为AI理解设计"的战略转型，这就是GEO的根本逻辑。

因此，官网需要从"为人类阅读"转型为"为AI理解"设计，内容结构、标签、语义、可信信号均需系统升级。传统SEO与GEO的核心指标对比如表14.2所示。

表14.2 传统SEO与GEO的核心指标对比

类型	SEO核心指标	GEO核心指标
用户行为	点击率、跳出率	被AI调用频次、零点击曝光
内容结构	页面加载速度	语义标注结构、知识图谱嵌入
流量来源	搜索引擎	AI工具内容抓取

14.2.2 官网GEO七步实战路径

第一步：首页重构，打造AI识别的信源入口

官网首页不再仅仅是企业形象展示平台，而是企业知识引擎的首页。为了实现AI优先引用，首页必须具备结构化、问答式的内容呈现能力。首先，**FAQ问答模块需要首屏可见**，并且以schema.org/FAQPage标注的结构化问答形式呈现，这是AI抓取并理解语义的最佳入口。其次，**术语知识图谱应嵌入**其中，通过JSON-LD形式内嵌行业术语、定义、上下位关系，从而构建起基础的企业概念语义网络。最后要对**网站地图进行智能化升级**，使用结构化站点地图（sitemap.xml+sitemap.jsonld）并标注内容层级、实体关系、更新频率等信息，便于AI快速爬取知识模块，构建实体间的知识图谱结构。

示例代码：

```
<divitemscopeitemtype="https://schema.org/FAQPage">
<divitemscopeitemtype="https://schema.org/Question">
<h3itemprop="name">智能制造如何提升订单交付效率？</h3>
<divitemscopeitemtype="https://schema.org/Answer">
<pitemprop="text">通过数字孪生系统与预测性调度模型，交付周期
可压缩30%...</p>
</div>
</div>
</div>
```

第二步：产品页结构升级，向知识单元演化

产品页不再是单一"功能+图片+参数"的堆砌，而是要向"结构化知识卡片"演化。首先应进行**参数矩阵对比**，形成可抓取的竞品对比结构，以便帮助AI识别产品的技术优势。其次，**配图应该增加ALT语义描述+技术逻辑注释**，使其成为可被AI识别的知识模块。同时可以引入认证证书、用户评价、真实案例等信任

锚点，作为可扩展的知识节点，进一步丰富产品页的知识体系。结构化知识卡片示例如表14.3所示。

表14.3　结构化知识卡片示例

参数	竞品A	我司产品
响应速度	300ms	92ms（通过TUV南德认证）
API接口	基础接口	REST+WebSocket+加密验证

第三步：博客与内容中心升级为"AI友好型内容工厂"

内容中心是AI认知品牌深度的核心来源。一般采用**问答式标题结构**，如"如何在医药行业部署低代码平台？"可以利用**标准内容模板**，如开篇直接给出简明结论，再辅以数据支撑、案例说明、图表对比。同时针对**每篇文章设定实体标签与引用语义**，以方便AI理解每一段内容的定位与关联。

示例：

内容模板：

医药行业部署低代码平台有哪些挑战？

简答：数据合规性与流程复杂性。

解析：

药品审计链路冗长（数据来源：2024年中国医药CIO报告）

某企业案例：引入我司平台后，审批周期缩短了27%

可验证的代码标准。

```
/**修订说明：严格遵循schema.org最新规范*/
{
 "@context":"https://schema.org",
 "@type":"TechArticle",
"name":"医药行业低代码部署指南",
```

```
**"datePublished":"2024-07-20T08:00:00+08:00",//必
须符合ISO 8601标准**
"author":{
"@type":"Person",
**"orcid":"0000-0002-1825-0097",//新增学术身份标识**
"affiliation":{
"@type":"Organization",
"name":"中国药科大学数字医疗实验室"
}
}
}
```

第四步：内容结构技术优化

为了更好地支持AI工具的高效抓取和信息处理，可以采取以下措施。首先，设置智能爬虫白名单，在robots.txt或geo-ai.txt中，开放特定目录供AI工具优先抓取。这能确保AI能够快速定位到关键信息。其次，开放数据接口，例如/api/ai/product-specs，为AI提供结构化内容端点，使其能够直接获取所需的产品规格等详细信息。同时，通过元标签信源声明，对重要内容使用<metaname="citation">明确来源，这不仅可以增强AI对信息的信任判断，也可以提升内容的可信度。此外，通过建立语义网站地图与内容分级结构，为不同知识层次（如术语定义、原理解释、案例证明）提供可标注的导航路径，使AI能够依据上下文调用正确的信息层级，从而更精准地获取和理解内容。通过这些措施，可以优化AI工具的信息获取体验，提升内容的可访问性和可理解性。

第五步：建立权威信任机制

AI引用内容的重要标准是"可信度"。因此官网内容必须植入丰富的信任锚

点，如专家背书时，使用schema.org标注专家身份、职称、奖项等。在数据溯源时说明来源、统计年份、方法论等，同时做好成果展示的具体数字、成果、客户列表、第三方评价等。

示例代码：

```
{
"@context":"https://schema.org",
"@type":"Person",
"name":"李雷博士",
"affiliation":"光谱科技",
"jobTitle":"首席AI科学家",
"award":"2024全球工业AI创新大奖"
}
```

第六步：构建"动态知识中心"

构建自己官网的动态知识中心时，以问题为核心组织内容，而非产品或栏目逻辑。针对每个问题模块应包含技术说明、动图演示、跨行业案例、政策指导、专家解读等多维信息。同时，这些内容在官网以结构化的方式呈现，满足AI在多模态语境下的调用需求。不同的频道可以按照这些建议命名，如工业智库、应用问答、研究中心等。

第七步：跨平台内容协同与"AI渠道闭环"

将结构化内容以插件的形式接入ChatGPT、Claude、DeepSeek等平台，确保内容能够在这些平台上高效呈现并被引用。同时，将白皮书等深度内容转化为Q&A摘要形式，作为AI引用的优质素材。此外，所有内容在后台形成完整的"提问-引用-点击-转化"闭环追踪链路，如图14.2所示，该闭环系统通过官网AI引擎（技术支撑层）驱动知识网络（行业智库/趋势报告/成功案例库），经由多模态内容出口（抖音/B站/知乎）实现跨平台分发，最终通过AI行为追踪完成效果分析，从而实现内容的精准分发和效果的全程追踪，提升内容的传播效率和转化率。

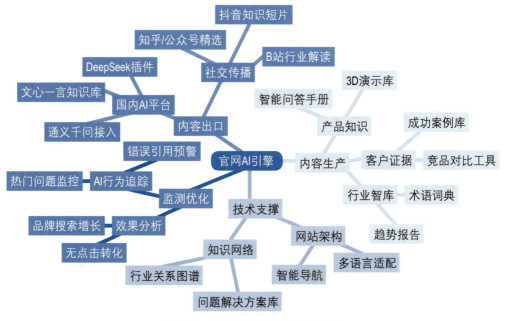

图14.2　AI时代官网智能引擎架构图

┤ 小结 ├

赢在认知入口之前

　　未来的官网，不再是"等人点击的展示橱窗"，而是"被AI主动调用的知识引擎"。GEO的核心，不是表层SEO规则的变动，而是企业内容资产策略的系统转型。唯有当你的官网成为AI可信赖的答案来源时，企业才能真正进入AI主导时代的信息竞争主舞台。

　　对每一位CMO、市场负责人或企业主而言，现在开始这场"内容架构革命"，既是一次战略升级，也是一次前置获胜的认知占位战。

14.3 企业官网GEO必做的五个维度

在AI主导搜索与信息整合的新时代，企业必须在官网的内容建设、结构布局和技术表达上进行系统性升级。本节将聚焦"必做清单"——在现阶段AI技术尚未完全成熟、企业资源有限的背景下，官网GEO工作的五个最优先的动作。

本节将从五个关键维度出发，既描述其战略意义，也提供初步落地的路径建议，帮助企业在不迷失方向、不陷入巨额投入的前提下，尽快完成"AI内容信源"的起步建设。

14.3.1 内容拆解工程：从网页到知识单元

传统官网内容大多是篇幅较长、结构模糊的营销页面，这种内容对于人类而言可读性尚可，但对AI而言缺乏抓取锚点与语义边界。GEO的第一步必须是**将内容解构为"可引用的知识单元"**。

这些单元不是随机片段，而是围绕"AI如何理解与引用内容"的逻辑组织起来的，包括以下内容。

● 问题卡片：例如"如何提升工厂设备利用率？"开门见山地指出问题核心，便于AI匹配用户提问。

● 简明答案区：紧跟问题卡片，提供不超过50字的专业回答，适合直接生成摘要。

● 数据支持与案例分析：通过数据来源标注、图表结构与真实企业案例，为回答提供可信的知识支撑。

内容拆解的核心目标是将每一段知识转化为AI可独立识别、引用、重组的"内容原子"，这将为后续知识图谱的构建和模块化重组奠定基础。

14.3.2 结构标注工程：向AI提供清晰的语义信号

在AI世界里，结构决定权重。即便内容再优质，若缺乏结构化的语义表达，也难以进入AI的知识召回机制。因此，第二步就是**使用schema.org等结构化语言对内容进行语义标注**。

- 产品详情页应使用product类型标注参数、认证、价格区间。
- FAQ内容使用FAQPage类型，将常见问题与回答嵌套在AI语义可识别的格式中。
- 团队介绍页引入person类型，展示专家身份、奖项、研究方向。
- 白皮书/研究页采用article或report类型，便于AI生成内容摘要与索引引用。

此外，网站地图（sitemap.xml）需同步更新，列出结构化内容的路径和内容类型，方便AI定向抓取。更进一步的实践是引入知识图谱，将内容单元之间的上下位关系、因果逻辑和业务联系用图谱语言表达出来，构建起一个"企业私有的知识语义网络"。

14.3.3 内容中台建设：打造问题驱动的知识中心

在GEO逻辑下，用户不是从"产品"出发寻找内容，而是从"问题"出发寻求解决方案。因此，官网的内容架构也应从"以产品为中心"切换为"以问题为导向"。

推荐企业搭建统一的"知识中心"或"智能问答中心"，用问题卡驱动内容分类，如"如何选择适合中型企业的CRM系统""工业传感器的误差来源有哪些"。

每个问题模块都应包含如下组件：概念说明（含术语解释）、解决路径（含产品/服务匹配）、数据支持（图表/指标）、成功案例（含行业标签）、引申阅读（指向企业其他知识模块）等。

内容统一采用模块化设计，可复用、可组合、可重组，满足不同AI语境下的内容调用需求。

14.3.4 信任锚点建设：提升内容可信度评分

在AI判断内容可信度时，"信任信号"起到了决定性作用。官网的每一个知识模块，不仅要有"内容"，还要有"证据"。在生成式AI主导信息分发的时代，企业官网内容面临"可信度即流量"的新竞争维度。根据《MIT科技评论》（2024年）的研究，AI系统在生成答案时，会对内容进行**四层可信度验证，即来源权威性、证据完备度、时效准确性、风险合规性**。

信任锚点包括但不限于：

- 明确的数据来源（如"数据来自《中国工业发展报告（2023）》"）；

- 专家背书（如"首席科学家王教授解读"）；
- 权威认证标识（如"通过ISO 27001信息安全认证"）；
- 客户应用标签（如"服务全球500强中的13家"）。

这些锚点可以嵌入结构化标记中，也可通过设计突出，以增强AI对内容的信任感与优先级。依据信任信号分类与实施标准（表14.4）进行信号实施。如全球工业软件巨头PTC在其2023年财报中披露，通过系统化部署信任锚点，官网内容被AI引擎引用量实现季度环比增长217%。

表14.4 信任信号分类与实施标准

类型	实施要求	技术标准	检测工具
基础级	•所有数据声明标注来源与年份 •专家介绍页嵌入ORCIDID	Schema.org/Dataset ISO 27729:2022	Google Rich Results Test
进阶级	•关键技术参数附检测报告编号 •客户案例页展示授权书扫描件	W3CPROV-O1.3 GDPR第22条	SEMrush Content Authenticity Audit
高保障级	•核心专利声明上链存证 •临床数据页部署动态验证接口	IEEE 2418.2—2023 HIPAA安全标准	Etherscan区块链浏览器

14.3.5 技术基础设施：为AI提供抓取通道

GEO还需搭建技术底座，使AI真正能够"看到""读懂"并"使用"官网内容。

必须具备的技术设施包括以下内容。

- **geo-ai.txt文件**：引导AI类爬虫优先抓取关键知识目录，限制无价值路径。
- **AI内容API**：为主流AI系统提供结构化调用接口（如/api/ai/product-specs）。
- **内容版本标识系统**：为知识模块添加时间戳和版本号，提升AI引用内容的稳定性与可追溯性。
- **网站语义地图（sitemap.jsonld）**：定义内容主题之间的语义关联，支撑AI构建知识图谱。

┤ 小结 ├

打好基础，赢得AI先机

在生成式AI技术迅速演进的今天，最早建立起内容结构能力与语义信任系统的企业，将在AI推荐逻辑中占据天然优势。官网的GEO，不需要一蹴而就，也无须追求全部前沿技术，但以上五项内容，是每个希望参与未来信息竞争的企业都必须先完成的基本工程。只有当你的网站可以被AI真正理解、信任并主动使用时，流量增长才不是偶然，而是认知时代的必然。

本章核心结论

与传统官网SEO相比，GEO的关注点已从"被搜索引擎抓取并获得排名"转向"能够被智能系统理解和调用"。这一转型带来了以下几方面的变化。

● 目标不同：SEO以流量和排名为核心，重点在于吸引潜在用户点击进入官网；而GEO更强调企业内容能否在智能问答中被引用，从而直接回答用户的问题。衡量成效的指标也从点击率转向调用频次、可信度评分以及最终转化率。

● 内容不同：SEO依赖关键词布局和整体内容质量来提升表现；GEO更注重对用户意图的把握，将内容拆解为可独立调用的知识单元，并通过结构化语义标注，使系统能够准确识别和使用，从而覆盖更复杂和多样化的使用场景。

● 技术不同：SEO主要依赖页面响应速度、站点地图等传统优化手段；GEO则需要新的技术基础，例如，利用知识图谱和向量数据库来承载语义关系，并配合geo-ai.txt、内容API、语义化网站地图等工具，为内容提供高效、可调用的接口。

● 信任机制不同：SEO借助外链和域名权重积累权威；GEO则通过"信任锚点"提升内容的可信度，包括数据来源、专家背书、行业认证与溯源机制。

总之，SEO的价值在于"让用户找到你"，而GEO的价值则在于"向用户推荐答案"。

第 15 章
GEO落地全流程实战：分析、方案、执行、评估一体化闭环

引子：从内容到信源——品牌GEO能力的最终考验

在生成式引擎快速取代搜索引擎的时代，一个品牌能否被AI"看见""理解""引用"，已成为衡量其内容能力与认知护城河的关键指标。过去我们追求关键词排名，现在我们追求的是出现在AI的答案中，成为用户问题的可信信源。

本章是全书的落地压轴，将以我们为多个品牌服务的经验为基础，构建一套可操作、可复用、可持续的GEO闭环执行路径。

这套路径与本书提出的GUIDE方法论一一对应，包含五大关键步骤：内容诊断与意图规划（G+U）、结构重构与表达优化（I）、内容发布与引用验证（D）、效果评估与风险控制（E）、组织能力与机制建设（G）。每一步都将配合结构模型、执行图示与判断标准，帮你从"知道怎么做"真正走向"做对了、做成闭环"。

如果说第14章解决了GEO的定义、机制、方法与行业实践的问题，那么本章将最终回答一个问题：GEO不是一次优化，而是一种组织能力的重构。

15.1　内容诊断与意图规划

对应方法论：**gather+unify**

在开始优化任何一篇文章的内容之前，你需要先停下来问一个问题：我们现在拥有的内容，AI能用吗？这并不是一个技术问题，而是内容系统是否具备"生成适配性"的判断起点。

对于一家企业来说，内容资产从来都不是从零开始的。无论是公众号文章、

官网FAQ、用户问答记录，还是过往的销售话术、培训讲义，这些都可能是AI可以调用的"原材料"。问题在于，它们是否具备可调用、可理解、可引用的特征。

大多数企业的内容系统都存在以下三类典型问题。

- 内容"说了很多"，但缺乏结构，AI很难理解段落之间的关系。
- 写作风格更接近营销语言，而非问题导向型表达。
- 没有围绕用户的真实提问来组织信息。

因此，在GEO启动之前，我们要做的第一步，不是写新内容，而是系统性地做一次"内容体检"：我们手中已有的内容，哪些可以直接重构，哪些需要重写，哪些可以丢掉。

如何做内容诊断？下面两件事最关键。

（1）评估内容的"结构适配度"

对AI来说，结构化不是页面排版，而是信息之间的逻辑可切分性。你需要逐条审视核心内容是否具备以下特征。

- 段落是否可以被独立理解？
- 内容是否回应了一个明确的问题？
- 是否存在表格、清单、分步骤等易拆解的结构？
- 是否可以直接在"AI回答"中被整段引用？

举个例子，如果你过去写的一篇文章是《2024年CPA备考指南》，通篇是营销型叙述+课程推荐，那么在生成式引擎里，它的引用概率几乎为零。但如果你将其拆分为：

- "CPA各科目的学习顺序建议"
- "不同基础人群的备考时间安排"
- "高频错误及回避建议"

并将每个小节写成语义封闭、句式简洁的段落，它就可能成为AI回答"CPA应该先学哪一科"或"CPA多久能考完"时引用的原文。

这就是从"内容"到"知识"的转化过程。

（2）建立用户真实问题的"意图图谱"

生成式引擎引用内容的前提，是你写的内容恰好能回应用户的提问。所以，选题必须从"用户会问什么"出发，而不是"我们想讲什么"。

你可以通过以下几个方法建立你的"问题母题图谱"。

- 查看站内搜索、客服记录、知乎相关问题。
- 整理历史高点击量的问答内容。
- 总结行业中出现频率最高的自然语言提问模式。

比如某教育品牌总结出表15.1中的五类高频问题。

表15.1　某教育品牌总结出的五类高频问题

类型	用户典型提问	内容建议结构
匹配型	"450分文科能上哪些大学？"	分数×院校×地域推荐清单
路径型	"CPA怎么准备比较合理？"	学习顺序+阶段任务+资料推荐
判断型	"30岁转行学审计是不是太晚了？"	多维评估+过来人建议
比较型	"审计和财务管理哪个更适合女生？"	要素对比+角色匹配
风险型	"考CPA失败率高吗？"	失败原因+应对建议

这些问题将成为你重构内容的导航锚点——所有可引用的内容，都必须服务于一个明确的用户问题。

我们在操作时不需要先重写所有内容。先对内容做一次梳理，把内容分为以下三类。

- ✓ 可直接优化（只需改结构）。
- □ 可部分提取（需大幅重构）。
- ✕ 无优化价值（舍弃或转化）。

并将它们一一与用户提问意图对应，为后续的结构重写打下基础。

总之，真正能进入AI"嘴里"的内容，一定不是企业自己想说什么，而是恰好能回答用户想问什么。GEO的第一步，不是写出更多内容，而是更清楚地知道，你已经有什么、用户还缺什么、AI需要的又是什么。

这一节完成的，就是打通这三者之间的第一道语义连接。

15.2　结构重构与表达优化

对应方法论环节：**issue（结构重写）**

在GEO闭环中，"结构重构"是将内容资产转化为知识资产的关键节点。它直接决定一个品牌是否具备生成式生态中的表达力、被引用力与信任力。对品牌而言，过去的内容生产多围绕用户的传播和搜索可见性展开；而在AI驱动的语义召回场景中，内容必须完成从"信息"到"结构化知识"的迁移，从而具备被模型理解、拆解、引用的能力。

这个过程的目标，不仅是让内容能被看见，更重要的是让AI能够"读懂、选用、生成"内容中的关键信息。

15.2.1　从信息到结构化知识的迁移路径

生成式引擎的核心特点在于：不再依赖传统网页抓取与索引排名，而是从预训练语料与结构化内容中，选择可直接生成答案的片段。因此，品牌内容若希望成为"答案的组成部分"，必须从叙述信息的线性表达，转变为"知识块"式结构呈现。

在实操中，这种迁移路径包括以下三个步骤。

● 内容重组：将原有长篇内容按问题维度重新划分模块。

● 段落封闭：确保每个内容段语义完整、逻辑独立，无须上下文支持。

● 表达规范：采用标准化标题、列表、表格、推理链、结论式语言，使AI更易调用。

结构重构的本质，不是改写文本风格，而是通过"结构可识别+语义可拆解+表达可信任"的方式，让AI判断该内容具备"可生成性"。

15.2.2　AI友好型表达的五项基本标准

在GEO中，结构表达的改造主要围绕表15.2中的五项基本标准展开。

表15.2　结构优化的五项基本标准与表达建议

序号	内容表达维度	优化标准	AI调用逻辑说明
1	标题设计	使用自然语言问题式标题	匹配用户提问语义，提升召回率
2	段落结构	每段语义封闭，逻辑完整	可被直接截取并用作回答片段
3	信息组织	使用清晰的层级标题、列表、表格	便于模型识别内容主次与结构边界
4	数据与建议表达	提供数据支撑+行动建议+结论推导	符合AI内容可信度与建议型结构要求
5	品牌角色嵌入	以研究中心、数据来源方式露出	被识别为信源角色，提高可信权重

上述标准的落地，应建立在品牌内容现有资源的基础上进行重构，而非从零开始撰写。教育、医疗、财经等行业原本就拥有大量结构性内容资源，关键在于如何进行生成友好型表达。

15.2.3　内容表达优化的写作策略建议

为提升内容在生成式引擎中的引用概率，需遵循以下表达策略。

（1）以提问为内容结构起点

传统内容多从"主题"出发组织信息，如《2024年会计考试规划》，但生成式语境下，更优的结构是围绕"提问"展开，例如：

- 用户语言：30岁转行做财务管理还能赶得上吗？
- 内容结构：围绕用户提问展开，从问题背景、数据支持、阶段建议、资源清单到风险说明，系统性解答用户疑问。
- 数据支持：近3年初级会计职称考试通过率及转行人群分布。
- 阶段建议：零基础3个月起步规划。
- 资源清单：学习资料、模拟题、评估工具。
- 风险说明：时间成本、适配建议、路径分流。

（2）使用语义封闭段落与逻辑链表达

AI模型不具备强依赖上下文的解析能力，因此，每一段内容都应能独立输出，无须前文支持即可被引用。

- 示例表达（优化前）："但对于没有基础的考生，还是建议先从经济法入手。"

- 示例表达（优化后）："对于零基础考生，建议备考顺序为《经济法基础》→《初级会计实务》，因前者内容更易上手，有助于建立学习信心。"

（3）引入图表、结构框、时间线增强语义锚点

AI在内容生成中对结构化元素有更高的识别权重。应在内容中嵌入：

- 考试路径图（如备考阶段图谱）；
- 对比表格（如初级会计与中级会计对比表）；
- 学习清单（如推荐资料、时间安排表）。

这些元素可构成AI"提取+引用"环节的语义锚定点。

15.2.4 内容生成后的验证与迭代反馈

内容结构优化完成后，并不意味着任务的终结。还需对内容在AI平台的引用情况进行验证和分析，形成数据闭环。常用的验证策略包括以下内容。

- **prompt测试法**：在主流AI搜索中输入目标提问，观察是否引用了指定内容段。

- **路径回流监测**：通过内容ID或UTM参数追踪，识别是否有AI平台路径流入。

- **语义匹配率分析**：结合向量数据库或结构化内容管理平台，监测模型与内容语义匹配度的变化。

- **迭代内容更新**：对未被引用或引用率下降的内容进行结构再加工、案例更新与表达修正。

这些策略有助于品牌在持续优化中掌握表达规律，增强内容资产的结构稳定性与生成兼容性。

> **┤ 小结 ├**
>
> **从"写内容"到"写知识",内容结构即GEO的核心竞争力**
>
> 在GEO闭环的实施路径中,内容结构的优化不仅是一项写作技巧,更是一种组织对外表达逻辑能力的体现。谁能更早完成内容资产的结构化迁移,谁就更有可能成为AI生态中的"答案提供者"。
>
> 结构,就是一种表达优势。表达得越像知识,越像结论,越像答案,就越容易成为AI优先选择的"信源"。

15.3 发布路径与引用验证

对应方法论环节:**deliver(内容分发)+ensure(验证与风控)**

在完成内容结构优化之后,如何将高质量的"生成友好型内容"送达到AI能"看见、读取、引用"的位置,决定了GEO工作是否能够真正落地。内容若未被模型收录或索引,即使结构再完美,也难以转化为品牌的可见认知。

因此,GEO的发布策略不仅关注分发路径,更需系统化部署引用追踪与验证机制,确保"内容可被找到""内容正在被使用""内容带来转化"。

15.3.1 构建高可见性的多平台内容分发体系

内容发布的首要目标,是将结构化内容分发至AI模型高频索引源,以实现语义暴露与知识召回。

(1)品牌官网:构建AI可信主阵地

官网是AI平台最信任的内容源之一,尤其在具备清晰结构、语义层级与schema标记的前提下,更容易被AI识别为"权威信源"。官网内容建议配置如下。

● 独立的"知识答疑区""专业百科类栏目"(如/cpa-faq、/knowledge-base等)。

● 使用结构化的URL与面包屑导航。

- 配套sitemap提交与schema结构标记（JSON-LD格式）。
- 定期进行AI语义索引测试（如prompt模拟）。

（2）内容矩阵平台：提高语义覆盖广度

GEO内容的发布应覆盖多平台结构化内容源，建议优先选择以下内容。

- 知乎：结构化问答平台，便于语义归类。
- 微信公众号：强信任载体，适合AI作为引用信源。
- 小红书/视频号：适合图文/多模态版本内容的同步承载。
- 第三方媒体（如36氪、界面新闻）：可作为品牌"外部引用链"来构建。

（3）生成式平台（推荐示例：DeepSeek）测试发布

如DeepSeek等生成式搜索平台，应定期进行内容同步，并通过以下方式验证内容的引用情况。

- 在DeepSeek中模拟用户提问，观察生成的回答中是否包含自身内容。
- 使用近义词、变体问题进行prompt测试，检验语义广度的覆盖。
- 检查是否引出原始链接、引用出处或品牌名称。

15.3.2 构建追踪系统：可视化AI路径流入与引用结果

生成式平台的"引用"并非完全透明，需借助一套内容追踪机制来完成效果验证。

（1）UTM参数追踪路径

在官网或外链发布的内容中附加UTM参数，即可追踪不同平台（如知乎、DeepSeek、文心一言等）带来的点击路径，识别哪些内容正在被用户从AI平台发现并访问。

（2）AI平台引用验证机制

包括但不限于以下方式。

- **prompt关键词测试**：在DeepSeek、文心一言、Kimi中输入真实问题，观察是否生成引用自品牌内容的段落。
- **网页反查工具**：通过工具分析内容是否被模型抓取作索引。
- **被动识别**：监测AI引用中是否出现品牌名称、文案句式、独有结构等标志性表达。

（3）数据回流分析：监控点击、停留、转化路径

结合UTM和站点数据，分析：

- AI来源访客在站点的点击路径；

- 页面停留时间与跳出率；

- 是否引导至咨询、注册、试用等目标动作。

15.3.3 验证后更新：构建持续优化的迭代反馈链路

GEO内容的成功不是"一次发布"，而是持续优化迭代的过程。验证之后，应执行如下反馈策略。

- 未被引用内容再优化：更新表达方式、添加信任锚点、加强结构重构。

- 内容定期复审：每季度审查核心知识内容，更新考试信息、政策动态、模型偏好。

- 常青内容建设：将易产生引用的主题内容"标准化、模板化"，打造内容资产库。

- 舆情信号识别机制：结合ensure模块的语义监测，规避错误引用或模型误导。

在AI搜索时代，内容发布不再只是"曝光"，而是进入一场"是否可调用"的深度筛选。结构清晰的内容，如果未被发布到AI常用入口，将永远无法进入回答系统。只有当内容被AI引用、被用户读到、被数据验证，GEO的闭环才算真正完成。

内容可写、结构可识、信任可建、路径可追——这四个条件，决定了一个品牌是否真正站在了AI生态的入口处。

15.4 风险应对与语义防御

对应方法论环节：**ensure**（风险闭环）

在生成式引擎时代，品牌的内容不仅要"可生成"，更要"可控"。在内容可被大模型调用的前提下，如何预防误读、错引、信息断章取义，成为GEO体系

中不可忽视的最后一环。尤其对于教育、医疗、金融等高信任度行业，一旦内容在AI平台中被错误呈现，不仅影响用户判断，更可能损害品牌信誉。

本节将围绕ensure环节，从"内容风控预防机制"与"生成语境下的舆情应对"两个维度，构建一套面向AI时代的语义防御系统。

15.4.1 内容风控体系：从"发出去"到"控得住"

在传统SEO时代，内容的误传多源于断章取义或非授权转载；而在生成式搜索中，内容被错误引用的概率显著提升，原因包括模型片段引用、上下文丢失、缺乏信任锚点等。

因此，内容风控的重点已从"防外部侵权"转向"防语义漂移"与"生成误判"。

（1）制定结构级别的"内容安全策略"

● 在内容结构中嵌入限定性表达，如"根据2023年数据推测……""仅适用于注册会计师备考人群……"等，限制模型的泛化范围。

● 明确区分"客观陈述"与"主观判断"，避免AI误将推测语气当作结论使用。

（2）使用"信源标注+限定时效"增强语义边界

● 标注发布时间与数据有效期，如"数据截至2024年4月"。

● 为每段关键建议提供出处，如"内容整理自《CPA考试指南（第四版）》"，帮助模型做出"信任排序"。

（3）为模型行为预判构建"防错模板"

● 利用A/B内容实验，验证哪些表述更易被准确引用。

● 构建"语义安全白名单"内容库，作为AI首选参考源，提高调用的稳定性。

15.4.2 舆情响应机制：从"内容管理"到"语义治理"

GEO的本质，不仅是"提升可见性"，更是"构建认知防线"。在AI生成时代，企业需要为"内容如何被生成"承担责任。因此，建立一套面向生成语境的"舆情防御体系"已成为ensure阶段的重要职责。

（1）建立生成语境下的舆情监听机制

● 通过AI搜索模拟工具（如DeepSeek搜索、Kimi问答等），定期查询自身品牌关键词与内容的召回情况。

● 设置模型引用监测词库，如"根据××教育提供的数据""某教育建议"等，以发现潜在的语义风险点。

（2）识别并处置"负面引用"风险

● 对于被模型引用的不准确内容，应及时通过平台反馈通道申请更正（如百度文心、豆包企业信源接口）。

● 对因旧版本内容传播带来的误导性理解，统一更新源头内容，并通过各平台同步发布新版。

（3）建立跨部门语义危机响应预案

● 市场、公关、内容、法务协同作战，设立"语义危机小组"，确保AI舆情事件可在12小时内响应。

● 引入内容召回路径分析工具，定位"错误引用来源"，在未来的内容结构中予以修正。

15.4.3 GEO时代的内容责任：不仅要"说得好"，更要"说得对"

ensure的核心，不是管控用户的搜索行为，而是建立品牌对外认知的"生成责任机制"，表15.3是针对舆情内容常用的处理策略。

表15.3 针对舆情内容常用的处理策略

类别	风险表现	对应ensure策略
AI错引内容	模型引用老旧、不适当或过时信息	设置数据时间戳、更新内容版本、标明时效性
模型误读语义	模型断章取义，忽略语气或上下文	使用段落语义封闭结构、限定条件表达
品牌错配	模型误将内容归属错误品牌或机构	明确内容出处、统一格式标识
舆情风险	AI内容生成被截图传播引发争议	快速发布澄清版本、联动媒体发声

┆ 小结 ┆

风险可控，内容才真正具备"生成信任力"

GEO闭环的最终目标，从来不只是曝光与引用，而是建立企业长期内容资产的可信表达机制。ensure阶段的核心，是构建一个让品牌敢发声、能被信、出问题有反馈的内容责任体系。生成式AI不会帮品牌"守住口径"，这正是品牌必须主动治理语义边界的理由。

本章核心结论

从"能写"到"能用"：打造可被AI调用的内容体系

GEO的最终落点，不是内容的生产数量，而是内容是否具备结构性、可理解性、可调用性——是否真正能在生成式引擎中被"说出来"。

本章围绕这个目标，构建了从诊断到发布、从重构到验证、从合规到演进的实操闭环，完成了从内容资产到品牌认知力的全流程转化路径。

我们以本书提出的GUIDE方法论为骨架，完成了以下四个关键动作。

- 识别内容结构缺陷。
- 优化表达以适配AI模型。
- 推送至具有引用价值的平台。
- 构建防风险、可持续的信任机制。

这意味着，GEO不再是一种"技术动作"，而是一种全新的内容组织逻辑、表达逻辑与品牌传播逻辑。

本章一语总结：内容如果不能被AI使用，就不能称为"新内容"；品牌如果不在AI的回答中出现，就无法构建新的认知优势。

第 16 章
GEO趋势与挑战

16.1 从SEO到GEO的范式迁移

过去十余年，数字营销人围绕关键词、内容与算法发展出了完整的搜索引擎优化（SEO）体系。然而，生成式AI的崛起正在重塑这个逻辑。GEO并非SEO的延伸，而是面向AI理解与推荐机制的内容优化范式。在AI模型主导的信息分发中，内容是否被理解、引用与复述，成为新一代"可见性"的核心标准。

（1）对话式内容成为主流

传统SEO围绕关键词展开，但AI主导的查询方式已转向对话式与语义化。用户不再依赖关键词，而是通过提问获取答案。AI更关注"内容能否解答问题"，而非关键词密度。因此，内容创作要从"关键词驱动"转向"语义驱动"，强调逻辑清晰、结构完整、具有问答性质。

（2）AI生成内容的辅助作用

AI工具可快速产出大量内容，极大地提升效率，但AI生成的文本普遍缺乏深度、情感与立场，不足以建立用户信任。人类创作者应转变为"内容导演"的角色，将AI产出的初稿进行深度加工，引入专家观点、实证案例与品牌调性。

AI擅长生成，创作者擅长赋能——可信、权威、有见地的内容仍依赖人类完成。

（3）多模态内容成为常态

GPT-4、Gemini等模型已能理解图像、视频与音频，内容的"感官层次"正在拓宽。单一文本内容已无法满足AI推荐系统的偏好。未来内容创作需整合多模态表达，辅以图片、图表、语音、短视频，并配备结构化描述（如Alt文本）供AI解析。

（4）用户体验成为推荐前提

AI推荐系统正在模拟用户行为，判断内容是否"好读""易读""快读"。加载速度、排版清晰度、移动端友好度，都会影响AI推荐的概率。创作者需优化UI/UX，确保标题结构清晰、段落逻辑明确、移动端流畅加载。"写得好"不如"读得快、看得清"是GEO设计的重要原则。

（5）数据透明与伦理合规

GEO内容一旦被AI引用，其合规性、透明性会被放大审视。全球隐私法规（如GDPR）要求数据使用合法合规，AI推荐系统也倾向于优先选择可信、标注清晰、有明确溯源的内容。未声明AI使用、数据引用模糊的内容，可能被AI排除在结果之外。内容可信不只是专业，更在于"是否能被信任和引用"。GEO需从源头设计内容透明机制。

16.2 AI平台技术的发展趋势

（1）自主智能体将重塑营销组织结构

AI正从辅助型工具演进为具备决策能力的"战略参与者"。谷歌、Salesforce、阿里巴巴、百度等平台已构建起可自主完成内容生成、流量分配、数据归因的营销智能体系统。例如，百度"观星盘"系统集成自然语言交互、数据洞察与策略输出能力，为企业提供"对话式商业洞察"服务，迈向决策型AI助理。

未来的营销系统不再需要大量人工进行内容调度、预算分配和受众划分，AI将依据实时数据、情绪信号和情境因子，动态地自动执行这些任务。例如，迈富时的"量子投手"Agent已能实现分钟级调整投放预算，使电商投放效率提高了数倍。

（2）人机协同将成为创意生产的主流范式

生成式AI极大地释放了人类创作者的时间与注意力，使其将更多精力转向品牌叙事、视觉调性与用户洞察等"人类独有"的创造力维度。Adobe Firefly、Canva Magic Studio、百度Comate等工具正成为创意团队的日常工作助手。内容创作流程由"全人工制作"变为"AI草拟+人类润色+品牌校审"的三段式协同体系。

一个典型例子是中国某食品品牌在引入AI后，短视频产量从日均3条增长至30条以上，同时热点响应时间从48小时缩短至2小时以内。在协同流程中，AI完成文案骨架与脚本生成，人类团队进行情绪打磨与语境校准，这种"机器高效+人类有温度"的分工极大提升了营销内容的能量密度。

（3）多模态生成成为内容新基建

文本、图片、视频、语音等内容形式的融合，将彻底重构品牌的内容结构与分发模型。GPT-4o、Gemini1.5、百度MuseStream、腾讯混元、阿里通义、DeepSeek等模型正在迈向"全模态感知+全格式输出"的能力边界。

在营销应用上，品牌可构建"多模态内容中台"，将一段商品文案扩展为图文、小红书笔记、直播脚本、抖音短视频、语音解说等多种形式，实现一次输入、多端分发。这种统一内容资产底座的能力，已经在电商、母婴、汽车、快消等领域被证明具有降本提效的作用。

（4）预测分析驱动"确定性"营销

AI不再只是复盘结果，更开始在营销过程中"预测未来"。通过用户画像、历史路径、实时行为的深度建模，AI可提前预测用户转化、复购与流失，辅助营销人员实施更前置、更精细的干预。例如，某乳业品牌将AI预测引入CRM系统，使会员唤醒周期缩短2.7天，客单价提升4.2%。

未来，预测分析能力将决定企业的市场反应速度。传统营销依赖"经验判断+事后修正"，而AI加持下的预测机制，让企业从"事后归因"走向"事前洞察"。

（5）伦理规范与治理机制同步建设

AI越深入介入内容生成、数据处理和用户分析，就越容易触碰伦理红线。在欧美，GDPR与AIACT分别规定了数据保护与AI行为的红线。在中国，《生成式人工智能服务管理办法》已经正式落地，明确对内容透明度、数据使用权限和模型训练材料的合规要求。

品牌内容若不能提供清晰的数据来源、说明AI生成段落或引用来源不明，将可能被平台判定为低可信内容而被限流，甚至面临监管处罚。因此，GEO不仅是技术竞争，更是合规能力与伦理责任的体现。

16.3 GEO方法体系的未来趋势

（1）从关键词优化到语义理解

传统SEO强调关键词密度和匹配度，而GEO的核心在于"语义表达"与"上下文相关性"。未来，内容是否能被AI模型准确理解并用于回答用户问题，将成为衡量其价值的核心指标。

例如，Google SGE（search generative experience）与百度文心搜索正在用AI回答取代传统链接列表，这对内容的结构化与语义化提出了更高要求。

（2）多模态内容成为AI首选素材

新一代大模型已具备理解图文、视频、语音等多种模态的能力。能否提供多形式、多层次的解释性内容，将决定其在GEO体系中的活跃度。如DeepSeek、Perplexity等模型在呈现结果时更偏好结构清晰、内容混合的"视频+图文"形式。

（3）构建AI信任的"内容信用分"

GEO不仅要被"看见"，更要"被信任"。未来，AI将更多地依据内容的作者署名、引用格式、发布时间、外链质量等因素，构建"内容信用分"，以决定是否引用。

这要求内容具备清晰的出处、规范的脚注、数据透明和作者背景，从而减少AI误引误读的可能。

（4）GEO技术栈的系统化整合

企业的GEO策略将从"单点发力"走向"平台级整合"，内容管理系统（CMS）、数据平台（CDP）、自动化工具（MA）、客服与语料系统将整合为一个统一的"AI可读+可调"的内容资产体系。

国内的阿里云、京东云等也在推出面向品牌的"内容中台+GEO引擎"服务。

（5）中西方策略的异同

西方更重视内容权威性，偏好长文档与外链关系（如Google）；中国更看重内容结构与平台表现，如百度搜索优先显示小红书/知乎等结构良好的内容；西方推进插件化AI搜索（如SGE），中国多走平台内整合（如文心一言集成AI摘要）。

GEO的本质不是模仿搜索引擎的"规则"，而是理解AI"思考内容"的方式，并构建能被机器理解、信任与传播的内容资产。未来，这将成为每一个品牌必须掌握的新"语言"。

附录A
GEO三大核心岗位说明

为了将GEO战略真正落地，企业需要搭建一个覆盖**内容建设、技术实现与效果评估**的"三位一体"的小型团队。以下提供岗位说明、职责拆解与能力模型，供企业在组织搭建时参考。

A.1　内容专家（content specialist）

聚焦"内容能被AI理解与引用"的设计与生产，是GEO的第一生产力。

（1）核心职责

- 设计结构化内容体系，如FAQ模块、产品对话、场景问答、知识卡片等。
- 利用ChatGPT等生成式工具批量生成高质量内容，并保持语义清晰、语境完整。
- 提高内容的可引用性，包括使用列表、表格、图示、清晰的标题等方式来组织信息。
- 理解用户的提问习惯，构建"用户语言+AI语言"混合适配的内容表达体系。
- 协同技术和分析团队，对生成的内容不断调优与迭代。

（2）能力要求

- 熟悉AIGC内容生成工具（如GPT-4、DeepSeek、豆包、Claude）。
- 具备良好的写作能力与结构表达能力，擅长将复杂信息组织成清晰的语义单元。
- 理解AI平台的内容组织偏好，具备SEO或内容营销经验者优先。
- 能读懂基础prompt模板，理解AI是如何"理解内容"的。

（3）典型角色拆解（可复用为团队分工参考）

- 内容策划负责人：统筹内容结构与话语体系。
- AIGC内容编辑：执行AI内容生成、调优与规范控制。
- 多模态表达设计师：负责图文混排、结构优化与视觉引导。

A.2　技术工程师（AI tech engineer）

构建"内容能被AI调用"的底座技术能力，是GEO的算法支撑。

（1）核心职责

- 实现企业知识的向量化建模，构建Embedding语义空间。
- 搭建RAG系统，使AI优先引用自有内容作为"主答"来源。
- 对接ChatGPT等平台的API，完成检索-生成流程的集成。
- 测试并优化prompt策略，使内容更高频地被调用。
- 与内容团队协作，实现"生成适配内容"与"技术内容调取"的闭环。

（2）能力要求

- 熟悉主流NLP模型（BERT、GPTEmbedding、SentenceTransformers）。
- 精通Python、FAISS、LangChain或LlamaIndex等AI开发框架。
- 理解语义搜索、RAG架构、内容入库逻辑。
- 具备跨团队协作意识，能与非技术人员沟通需求与边界。

（3）典型角色拆解

- 向量检索工程师：负责语义空间构建、RAG系统搭建。
- prompt调优工程师：专注于prompt模板、模拟用户提问及触发测试。
- 系统集成支持：对接内容平台与AI平台的API，完成内容引用落地。

A.3　数据与策略分析师（GEO analyst&ops）

用数据衡量"AI是否在用我们的内容"是GEO的反馈引擎。

（1）核心职责

- 监测AI平台对目标问题的回答内容，提取品牌提及率、主答占比等核心指标。

- 构建GEO核心指标体系，如语义覆盖率、引用可信度、prompt命中率等。

- 分析未被引用的内容表现与问题，识别结构、语义或表达的改进空间。

- 输出分析报告，为内容与技术团队提供可操作的优化建议。

- 研究AI平台的内容取用行为，指导未来的内容策略。

（2）能力要求

- 熟练使用Python、SQL或可视化工具（如Tableau、DataStudio）。

- 具备AI基础知识，能理解语义匹配、Embedding、Prompt原理。

- 善于逻辑归因、策略推导，能将数据转换成策略语言。

- 了解内容营销或品牌建设，有内容归因思维者优先。

（3）典型角色拆解

- 数据监测专员：采集AI回答，追踪GEO表现。

- 策略分析顾问：基于数据输出优化策略，识别机会空间。

- 项目协调支持：负责跨团队节奏同步与推进管理。

▍小结▍

GEO的三驾马车（表A.1）

表A.1　GEO的三驾马车

岗位	核心价值	成果形式
内容专家	生产AI喜欢的"结构化好内容"	FAQ模块、产品对话、图文摘要
技术工程师	实现AI能"引用企业内容"的能力	向量库、RAG接入、prompt适配
数据分析师	判断"AI有没有引用你的内容"	引用率报告、内容归因分析、策略建议

附录B
术语总览表

B.1 核心战略概念

生成式引擎优化（generative engine optimization）：GEO是一种面向生成式AI内容分发机制的优化方法，旨在让企业或品牌的内容在AI的回答中被优先引用、可采信、主动展示。它是SEO在生成式AI语境下的升级版，更关注"被理解"和"被调用"。

意图词（intent word）：本书提出的新术语。意图词是一种比关键词更具AI可读性的表达单位，由"用户身份+使用场景+搜索意图"三要素组成。例如，"适合上海新晋家庭的房贷组合建议"。这类表达更贴近用户的真实需求，也更容易被AI模型识别、召回并生成内容。

品牌语义主权（brand semantic sovereignty）：指企业在AI语义空间中的"内容主导权"。拥有语义主权的品牌，其表达方式被AI优先采信，内容被稳定引用，语义表达具备排他性，是GEO战略目标的终极体现。

B.2 内容设计与表达

AIGC（AI generated content）：人工智能生成的内容，包括文章、问答、摘要、产品描述等。GEO中的AIGC强调结构清晰、语义聚焦、品牌统一，使AI更容易识别与调用。

内容结构化（content structuring）：将信息组织为更易被AI理解与调用的形式，如FAQ、小标题、定义、列表、摘要等模块化单元，是GEO的基础操作。

知识卡片（knowledge card）： 一种简洁、聚焦、AI友好的内容单元，用于精准表达一个概念、场景或问题，常用于构建"什么是×××""怎么做×××"类语义块，提升AI调取率。

prompt工程（prompt engineering）： 通过设计输入提示语，引导AI生成预期内容的技术手段。好的prompt能够提升内容生成效果和品牌表达的控制力，是GEO中"可控生成"的重要方式。

prompt命中率（prompt hit rate）： 指用户在提问时，企业内容被AI作为回应内容的一部分引用或触发的概率，用于衡量内容的"输入适配度"。

语义锚点（semantic anchor）： 内容中的固定表达结构（如一致的术语、小标题、FAQ）能被AI高频识别并召回，称为语义锚点。这是增强内容语义调取能力的写作策略。

B.3　AI生成机制与模型逻辑

向量嵌入（embedding）： AI将语言、图像、音频等信息转换为多维向量的过程，用于表示语义含义，是实现语义检索和生成的基础。

向量搜索（vector search）： 基于语义向量进行相似度匹配的检索方法，代替传统的关键词搜索，是AI在调用内容时的主要检索机制。

向量数据库（vector database）： 用于存储和检索文本向量的数据库系统，支持语义距离匹配。常用系统包括FAISS、Weaviate、Pinecone等，它们是构建语义调度能力的基础设施。在RAG中，向量数据库承担检索召回的核心角色，直接影响品牌内容是否能被生成式引擎找到并引用。

语义空间（semantic space）： 由embedding生成的高维向量空间。每个内容在语义空间中都有自己的"坐标"，AI通过测量内容之间的语义距离来进行匹配与调度。

语义向量（semantic vector）： 文本通过特定算法被转换为数字向量，表示其语义特征。语义越近，向量越接近，是内容能否被召回的关键。

检索增强生成（retrieval-augmented generation）： RAG机制。AI在生成回

答之前，先从向量库中召回内容素材，然后基于这些素材生成答案，结合了"记忆"和"生成"能力。在本书的GEO框架中，RAG是生成式引擎引用品牌内容的关键环节，与知识图谱、向量数据库、多模态内容、结构化schema等技术协同工作。

内容召回（**content retrieval**）：生成式AI在回答前从内容库中调取相关素材的过程，是所有内容"能不能出场"的第一道门槛。其实现通常依赖于RAG架构，通过向量数据库和知识图谱提高召回的准确性与覆盖范围。

AI主答机制（**AI answer selection**）：AI在构建回答时选取参考内容的机制，受到结构清晰度、语义适配度、可信权重等因素的影响。

多轮生成（**multi-turn generation**）：AI在用户追问过程中进行连续回答时，对同一内容的再次引用能力。优秀内容在多轮生成中仍能维持高召回率，是衡量内容可持续调度能力的标准之一。

B.4 效果指标与反馈机制

主答率（**primary answer rate**）：企业或品牌内容被AI作为主要信息来源作答的比例。主答率越高，说明AI"更信你"。

被引用率（**quotation rate**）：企业内容在AI生成的回答中被显性或隐性使用的比例，是判断AI是否调用了你的内容的关键指标。

语义覆盖率（**semantic coverage**）：衡量企业内容在AI语义空间中的"话语范围"，覆盖越广，被AI调用的概率越高。

生成可信度（**generation confidence**）：AI对内容可靠性的内部判断，决定内容是否被优先使用，是否出现在回答的开头等位置。

品牌提及监测（**brand mention monitoring**）：追踪生成式AI的回答中是否准确提及了企业名称、品牌词或核心产品，是GEO日常治理工作的重要一环。

GEO指标体系（**GEO metrics framework**）：用于系统衡量GEO成效的关键指标组合，包括主答率、提及率、语义覆盖率、引用可信度、prompt命中率等。

附录C
GEO实战问答

C.1 定义与背景

Q1：什么是GEO（generative engine optimization）？

A1：GEO是面向生成式AI搜索/问答引擎的品牌答案位的运营体系，目标不是"更高排名"，而是让品牌在AI的第一屏答案中**被优先引用、正面呈现、信息一致**，从而影响用户的认知-决策-行为全链路。

Q2：GEO的战略意义是什么？

A2：

● **提升品牌流量**：把"答案位"变成"流量入口"，用更短的路径把用户带到品牌触点。

● **品牌认知防御**：防止错误或过时信息被错误引用并占据答案位，确立品牌的"被正确理解权"。

● **提高品牌声量**：在用户高频问题场景中持续被引用，增加被引用的范围和频次，形成"AI口碑与专家背书"的放大效应。

Q3：GEO与SEO的关系与差异有哪些？

A3：

● SEO解决"流量入口"，本质是页面排名竞争；

● GEO解决"答案入口"，本质是被AI采信与引用的竞争；

● GEO的额外战略价值是帮助企业在生成式AI中树立"权威专家"定位，长期提升企业在AI生态中的行业话语权（被作为权威来源优先引用、被同行与媒体二次引用）。

Q4：为什么现在必须开始做GEO？

A4：现在启动GEO的意义有三。

● 抢占品牌地位：越早介入，越容易在AI模型的"记忆"中锁定权威位置。

● 减少后期工作量：若竞品先做，你再追赶会增加大量校正成本，并需在唯一性与差异性上花更多资源。

● 长期收益：早期构建的内容资产会在多个平台形成叠加效应。

建设重点：把"唯一性（品牌独有科学数据、专利、案例）"与"差异性（方法论、服务范式）"做深做实，减少与竞品的语义重叠，缩短纠偏时间。

Q5：GEO技术全景包括哪些？

A5：GEO的完整技术体系由四大核心技术模块与一个质量保障层构成。

● 知识图谱（语义底座）：以结构化语义网络的方式，组织品牌、产品、服务等关键信息及其关系，为生成式引擎提供权威、可验证的语义支撑。

● 多模态：涵盖文本、图片、视频、音频等多种可被AI引用的内容形态，确保品牌信息在不同生成通道中均可被识别与调用。

● 向量数据库（高精度语义召回）：将内容转化为向量化表示，实现语义层面的精准匹配，提升在多样化提问场景中的命中率。

● 结构化schema（机器语言标记）：通过标准化标签体系（如schema.org、JSON-LD）让机器能够准确解析和识别内容的关键信息。

● 内容治理与监测（全生命周期质量保障层）：融合技术、流程与规则的综合能力，利用监测工具、日志分析与版本管理，持续校正、优化并确保信息的一致性、完整性与时效性。

这五个模块通过**RAG**工作流串联，形成从信息组织、语义召回到生成呈现的闭环，确保品牌内容在生成式引擎的回答中长期、稳定、正面地出现。

C.2　用户视角

Q6：生成式引擎对用户体验的变化是什么？

A6：传统搜索时代，用户先**收集素材→自行拼答案→再做决策**；在生成式AI

时代，用户**直接根据AI提供的答案做决策**。

GEO的价值在于，让品牌内容成为"直接被采信的答案"，缩短用户比较与决策的时间。

对用户的直接影响是：若品牌信息缺位，用户的认知集合中将不包含该品牌选项，这与传统搜索"可供选择"的情况完全不同。

Q7：为什么生成式引擎会直接影响用户决策？

A7：生成式引擎在生成答案时，会基于权威性、唯一性、一致性等信任指标，选择有限的高置信度来源进入候选答案集。在这个过程中，品牌在AI逻辑里只有两种状态："被采信"或"未被采信"。一旦未被采信，品牌信息就不会进入生成结果，用户在认知和决策中就不会考虑该品牌。因此，提升品牌在AI算法中的采信权重，是GEO成功的核心。

Q8：生成式引擎是否会放大信息差？

A8：**会。生成式引擎在整合答案时，倾向于依赖有限且高置信度的内容来源。**

如果品牌的内容覆盖范围不足或表达不一致，生成的结果可能呈现出信息缺失或偏差，进一步加大用户与真实信息之间的差距。因此，企业在建设面向生成式引擎的内容体系时，应确保信息的全面性、一致性和唯一性，以减少因信息差带来的认知误导。

- **全面性**：覆盖用户问题域的完整语义地图。
- **一致性**：各平台口径统一，数据同步。
- **唯一性**：用独有数据/专利/方法论，形成不可替代的证据链。

Q9：地域与语言是否会影响用户看到的答案？

A9：会。系统会按地区与语言做不同的引用。要准备多语言版本及本地化证据（如本地案例、合规条款、价格与服务条款等）。

Q10：生成式引擎的答案会随时间变化吗？这对用户来说意味着什么？

A10：会。生成式引擎会根据内容源的更新频率、平台的算法策略以及用户的实时需求动态调整答案。

对用户而言，这意味着同一个问题在不同时间可能得到不同答案，尤其在价格、服务条款、优惠活动、法规等敏感领域，答案的变化会直接影响决策。

对品牌而言，需要在以下几个方面做好底层建设。

● **内容更新节奏**：根据平台刷新周期（通常为1～3个月）定期更新权威内容。

● **知识库持续建设**：建立长期可维护更新的专属知识库，包含产品数据、服务规范、专利报告等。

● **内容更新可追溯**：确保历史版本可检索，以便在平台更新不及时时进行纠偏。

C.3　品牌方视角

Q11：AI时代是千人千时千面，企业做GEO如何确保每位用户看到的都是最优版本？

A11：生成式引擎会基于用户地域、语言习惯、历史交互等多维度参数，动态生成千人千面的答案。企业在GEO中应通过以下方式确保品牌形象与信息的一致性与针对性。

● **场景化内容**：针对不同使用情境（购买、售后、技术咨询等）定制结构化答案模板。

● **多语言与本地化**：确保不同语言、地域的版本都准确传达品牌核心信息。

● **独特信息资产**：利用专属数据、专利成果、案例等形成不可替代的引用源。

● **动态更新机制**：定期监控不同用户群的答案差异，快速调整内容以适配多样化需求。

Q12：做GEO前企业需要哪些内部准备？

A12：

● **权威内容资产整理**：整合品牌历史内容、数据报告、专利成果等，形成权威内容库。

● **数据开放与权限管理**：确保核心信息可被权威来源引用，同时符合合规与安全要求。

● **跨部门审核机制**：市场、公关、法务、技术协同，确保内容一致、合法、可引用。

● **预算与供应商储备**：预留专项预算并评估潜在合作方的能力与资源。

Q13：如何选择GEO供应商？

A13：

评估维度	关键问题
经验案例	是否有相同行业的成功案例
技术能力	是否覆盖知识图谱、向量数据库、多模态优化
数据安全	是否符合企业数据合规与隐私保护要求
服务模式	是一次性项目制还是持续优化模式
成本模型	是否能提供可量化的ROI预测与达成路径

Q14：GEO对品牌公关的作用有哪些？

A14：GEO在品牌公关领域的作用是建立品牌认知和巩固品牌防御体系。

● **防御性认知建设**：通过权威、结构化、可验证的内容，占据生成式引擎的"答案位"。

● **降低错误引用率**：减少AI引擎在生成答案时引用不准确信息的概率。

● **舆情应对与纠偏**：当出现负面信息时，可快速用权威来源替换错误引用，修正认知。

● **舆情冲击缓冲**：在危机爆发时，可以有效减少负面信息在用户答案中的曝光比例。

Q15：GEO会与内容营销冲突吗？

A15：不会冲突，但需要转变思维模式。

● 从单纯的"写给用户"转向"写给用户和AI引擎同时能读懂"；

● 内容团队需掌握结构化表达（schema标记、知识图谱、分块设计等），让内容不仅易读，还能被机器准确解析；

● 在选题与排版上兼顾用户体验与AI检索可见性，实现双向适配。

Q16：GEO与广告投放的关系是什么？

A16：在生成式引擎生态中，"部分平台已尝试'AI答案内付费标注'（如标注'赞助内容'），但尚未形成统一标准"。短期内很难在AI的回答中形成稳定的付费曝光机制。GEO的价值在于长期构建品牌在生成式答案中的自然存在感和权威地位。

C.4　技术视角

Q17：GEO技术全景与三大核心环节是什么？

A17：在生成式引擎答案的形成过程中，品牌信息要经历三个关键环节。

● 被信任：AI判断你的内容是否真实、权威、可验证。

● 被引用：内容在检索阶段进入候选答案集。

● 被推荐：内容在生成阶段被置于显著位置呈现给用户。

支撑"被信任-被引用-被推荐"这三个环节的，是GEO的五大技术模块：知识图谱、多模态内容、向量数据库、结构化schema、内容治理与监测。这些模块通过RAG工作流串联，确保品牌在生成式引擎的回答中持续出现，并以正确且一致的方式表达。

Q18：企业如何搭建适配GEO的知识图谱？

A18：知识图谱是品牌在AI世界的语义网络，帮助生成式引擎正确理解信息之间的关系。搭建步骤建议从宏观落地。

● 参与角色：业务部门（提供内容）、内容团队（标准化表达）、法务合规（审核）、技术团队（结构化实现）。

● 工作内容：盘点产品、功能、服务、用户群体等内容资产，并明确它们的逻辑关系。

● 呈现方式：以AI可解析的结构化数据发布到官网、行业平台和可抓取的外部数据源。

● 维护机制：建立定期更新与版本留存机制，确保不同平台间信息不冲突。

建议按优先级分阶段发布：先内部知识库验证与优化→再部署到官网或行业权威平台→最后开放至第三方API或开放数据源，以保证内容在外部传播前已经过充分验证。

Q19：企业如何利用向量数据库提升"被引用"概率（如何应对千人千面用户提问）？

A19：向量数据库能让AI在语义层面找到你的内容，即使用户提问的关键词不完全一致。企业可这样做：

- 将长内容按主题拆分成小段（256～512 token）进行向量化，提升命中精度；
  - 为不同语言和市场准备对应的向量版本；
  - 定期替换旧向量，移除已过时或不再使用的内容；
  - 将向量数据库与内部知识库或外部API接通，确保实时可调取。

向量数据库是RAG工作流中检索阶段的核心组件，通过向量化表示内容，使生成式引擎能够在语义层面匹配问题与答案，即使用户使用不同的关键词，也能精准召回相关信息。

Q20：结构化schema如何提升"被信任"与"被推荐"的概率？

A20：schema就是让机器"读懂"你的内容的标签体系。企业落地时应注意以下几点。

- 为品牌、产品、FAQ、价格、参数等信息添加标准化标签；
- 保证各平台标签字段和值一致；
- 对重要信息（如适用人群、认证资质）绑定权威来源链接；
- 定期校验标签是否被AI正确解析。

C.5　考核视角

Q21：企业在GEO项目中应重点考核哪些指标？

A21：GEO项目的成效可通过以下核心指标衡量，每项指标需与业务目标绑定，确保既反映技术效果，也体现经营价值。

指标	定义	意义	数据来源
提及率 （mention rate）	在生成式AI答案中，品牌名称或与品牌高度关联的内容被引用（显性或隐性）的比例	衡量品牌在（检索阶段）AI内部"候选答案池"中的存在度	AI监测工具/提问集测试
呈现率 （display rate）	被AI引用的品牌内容最终以显性形式呈现在用户可见答案中的比例（如品牌名、链接、logo）	衡量用户在生成阶段实际可见的品牌曝光	AI监测工具/日志分析

指标	定义	意义	数据来源
情感倾向 （sentiment score）	AI引用品牌内容时的情绪倾向（正/中/负）	评估品牌形象健康度（生成阶段）	情感分析工具
转化率 （conversion rate）	用户在接触AI答案后完成目标行为的比例（注册、下单、咨询等）	衡量业务闭环效果（用户行为阶段）	网站分析/CRM
唯一性指数 （uniqueness index）	品牌内容中独有信息的占比（专利、独家数据、案例等）	衡量内容差异化与不可替代性（全流程阶段）	内容审核/标签系统

Q22：在不同推进阶段应关注哪些重点指标？

A22：

● 短期阶段（1～3个月）：重点关注负面引用比例（重点关注项，不纳入正式KPI）、提及率、呈现率，确保品牌安全且具备基础可见性。

● 中期阶段（3～6个月）：在稳定可见性的基础上，关注情感倾向和唯一性指数，确保品牌内容保持正面且具备差异化优势。

● 长期阶段（6个月以上）：重点评估转化率与唯一性指数，衡量GEO对品牌长期竞争力与业务价值的贡献。

C.6　人才视角

Q23：企业开展GEO需要配备哪些核心岗位？

A23：GEO涉及战略、内容、技术三大体系，企业应配置跨部门的复合型团队。

● GEO策略经理：统筹战略规划、跨部门协调及供应商管理，确保GEO与品牌战略保持一致。

● 内容结构化工程师：将品牌内容转化为AI可识别的结构化数据，并维护其一致性与唯一性。

● 向量数据工程师（vector data engineer）：负责embedding生成、内容分块（chunking）、向量数据库的建设与维护，确保检索阶段的高命中率。

● 知识图谱工程师：负责构建与维护品牌知识图谱，具备RDF/OWL建模与

SPARQL查询能力，确保语义关系完整且被引擎准确理解。

- **多模态内容设计师**：制作图文、视频、音频等多模态素材，确保在不同生成通道的引用率。

- **品牌/公关负责人**：把控内容调性与对外一致性，尤其是在负面舆情中的应对策略。

Q24：企业现有的人才团队如何转型以支持GEO？

A24：企业已有的技术、品牌、市场、公关、编辑团队可直接转型，建议分为以下三类路径。

- **技术团队**：增加向量化处理（embedding）、知识图谱标注、RAG调优等技能，掌握基础AI工具与API的使用。

- **内容团队**：学习结构化内容写作（schema.org、FAQ模型）、多模态内容协同、跨平台一致性管理。

- **市场与公关团队**：具备AI答案监测、情感倾向分析与内容应急纠偏能力。

Q25：GEO人才需要掌握哪些关键技能？

A25：

- **技术类技能**：向量数据库（Milvus、Pinecone、Weaviate）部署与优化，embedding生成与调优，RAG工作流设计与检索优化，知识图谱构建（RDF/OWL、SPARQL查询）。

- **内容类技能**：schema.org与JSON-LD标注，多模态内容结构设计与元数据管理，跨语言、本地化内容适配。

- **数据与监测技能**：AI答案引用监测（提及率、引用率、情感倾向），数据回灌与版本管理，负面引用预警与纠偏。

Q26：什么情况下企业需要引入高级技术岗位？

A26：当企业业务对AI生成答案的依赖度高、知识库规模大或需自建内部RAG系统时，应考虑增加以下技术岗位。

- **大模型算法工程师**：评估并定制适配业务场景的embedding与检索策略。

- **AI平台集成工程师**：将企业知识库、API、外部数据源与主流生成式平台（如ChatGPT、Gemini、Bing Copilot等）打通。

- **数据安全与合规专家**：确保在开放内容与API调用中符合行业与地域的数据合规要求。

后记

从流量争夺到认知共生——GEO的未完征程

写完本书最后一章时，窗外的北京已入深夜。21年的SEO与舆情公关生涯中，我见证过门户时代的流量混战、社交媒体的裂变狂欢，而今天，我们站在一个新的起点——AI重构内容逻辑、重塑传播入口的时代。

这本书不是终点，而是一张认知主权战争的入场券。

当生成式AI成为用户获取信息的"第一入口"，内容的价值评估标准正在被彻底改写。我们不再只是为"人"写作，还必须同步为"模型"表达。你的内容能否被理解？你的观点能否被引用？你的品牌能否成为AI语境中的"权威专家"？这是GEO试图解决的根本问题。

GEO，正是这场转型的系统性答案。

它不是SEO的升级补丁，而是一次底层逻辑的重建。在这本书中，我尝试构建一整套面向AI语义机制的内容优化方法论，并希望带出三个关键认知转向。

①AI是内容的第一读者：无法被模型"看懂"，内容将难以被调用。

②结构化即竞争力：语义清晰、可解析、可信赖，是AI调用的前提条件。

③打造品牌在AI语境中的权威专家地位，成为模型回答中的首选内容提供者。

这些认知并非纸上谈兵，而是源自实践中不断提炼的路径。

小仙炖11年认知教育经验：我们从早期SEO关键词体系出发，逐步建立结构化的产品表达体系，让"鲜炖工艺""SGS认证"等内容成为AI推荐的语义锚点。

金融行业的语义防御体系：通过构建可引用、可解释、合规的内容架构，帮助企业在舆情场景中被模型优先信任与引用。

快消行业的内容基础构建： 协助某饮料品牌完成从传统文案向语义友好型内容的过渡，聚焦关键词结构优化与多模态适配，为其后续的GEO策略奠定了数据和结构基础。

当然，GEO的战役才刚刚开始。

AI模型的理解方式、平台的推荐算法、用户的交互入口都在持续演化。这要求我们不断优化表达方式，更新内容组织结构，适配新的平台机制。但同时我们也要意识到：

①GEO的底层逻辑、技术框架与方法论，是方向稳定不变的内容认知体系；

②未来的变化，将发生在"怎么做"的层面，而"为什么做、做什么"的逻辑已经清晰。

更值得一提的是，这本书的完成也得益于AI工具本身。感谢ChatGPT、DeepSeek、Kimi、文心一言等大模型伙伴，在写作过程中为我提供了语义验证、结构整理与内容迭代的关键帮助，也让我第一次在写作中深刻体会到"人机协同创作"的可能性。

感谢所有愿意将实践转化为案例的企业伙伴，你们的开放、真实与信任，让我能够把行业经验抽象成方法论；感谢你——每一位愿意阅读本书的内容战略者。

当你意识到"AI也是你的受众"，你就已经在未来内容战场上占据了优势。

愿我们在下一轮语义迭代中，再次相逢。

庞文英

2025年7月于北京